*Zaragüeta*

*El Señor Gobernador*

*La Calandria*

COLECCIÓN «TEATRO ESPAÑOL»

*Miguel Ramos Carrión y Vital Aza*

# *Zaragüeta*
# *El Señor Gobernador*
# *La Calandria*

EDICIONES RUEDA

Colección «Teatro español»

**Coordinación editorial:**
G.D.A. Ediciones, S. L.

**Cubierta:**
Arnaiz Consultores


Los Mesejo, 11
28007 Madrid

Tercera edición: 2004
ISBN: 84-8447-230-2
Depósito Legal: B-771-2004
Printed in Spain-Impreso en España por: Cayfosa-Quebecor

# ZARAGÜETA

## COMEDIA EN DOS ACTOS

## PERSONAJES

DOÑA DOLORES.
MARUJA.
DOÑA BLASA.
GREGORIA.
DON INDALECIO.
CARLOS.
DON SATURIO.
ZARAGÜETA.
PÍO.
PERICO.
AMBROSIO.

La acción en un pueblo de la provincia de Salamanca.
Época actual.

# ACTO PRIMERO

Sala baja en una casa de pueblo. Muebles decentes y apropiados. Puerta grande al foro, derecha del actor, por la que se ve la huerta. En el centro del foro, ventana. En el foro izquierda, puerta de la cocina. Primer término derecha, puerta del despacho y habitaciones de Don Indalecio. En el segundo término derecha, la puerta tosca de la leñera, con montante practicable. En el primer término izquierda, salida al corralillo. En segundo término de este lado, la escalera del piso principal, de la que debe verse el arranque con tres o cuatro escalones. En el proscenio derecha, la entrada de la bodega, con su trampa practicable. Entre las puertas de la escalera y del corralillo, una alacena. Colgados en el rincón de la izquierda, escopeta, zurrón y canana.

## ESCENA PRIMERA

GREGORIA y luego DOÑA DOLORES; después PERICO. Más tarde MARUJA. Al levantarse el telón está la escena sola. Se oye la campana que toca a la novena. Luego sale GREGORIA de la cocina y se dirige a la bodega, abriendo la trampa.

GREGORIA.—¡Perico!... ¡Perico! *(En cuclillas y asomada a la trampa.)*

PERICO.—*(Abajo y algo lejos...)* ¿Qué hay?

GREGORIA.—Que cuando acabes de barrer la bodega me subas una botella de vinagre.

PERICO.—*(Abajo.)* ¿De cuálo?

GREGORIA.—Del barril que está debajo del tragaluz.

PERICO.—*(Abajo.)* Bueno. *(Gregoria se retira de la trampa y se dirige a la cocina; Doña Dolores, que sale por la primera derecha, trayendo sábanas, almohadas y colchas de punto.)*

DOLORES.—Ven acá. Aquí tienes el juego de cama completo. *(Coloca la ropa sobre la mesa. La examina cuidadosamente.)* ¡Jesús! ¡Y qué amarillas están las guarniciones! ¡Claro! ¡Como la ropa fina no se usa más que cuando viene algún huésped!...

GREGORIA.—Ya se puede asegurar que ese señorito no habrá tenido nunca en Madrid una cama como la que preparamos.

DOLORES.—¡Qué ha de tener el pobre en una casa de huéspedes!

GREGORIA.—Cuatro colchones nuevecitos, que están lo mismo que la espuma. ¡Bien a gusto va a dormir esta noche!

DOLORES.—¡Quiéralo Dios! Pero no será así. Viene el infeliz tan enfermo...

GREGORIA.—¿Es de veras que viene tan malito?

DOLORES.—Muy malo, hija, muy malo. Por fortuna, al lado de sus tíos se restablecerá pronto. ¡Me ha dado Dios unas manos para cuidar enfermos! Yo gozo con estas cosas. Es decir, tanto como gozar, no; pero, en fin...

GREGORIA.—¡Ya lo creo! ¡Como que sabe usted más «medecina» que don Saturio!

DOLORES.—No, mujer, no tanto; pero la verdad es que no hay en todo el pueblo quien me gane a hacer un cocimiento en su punto, a poner unos sinapismos en su sitio y a dar unas friegas en seco. *(Perico sale de la bodega con una botella, deja caer de golpe la puerta de la trampa. Doña Dolores, que está de espaldas, da un salto.)* ¡Ay!

PERICO.—No se asuste usté. Soy yo.

DOLORES.—(¡Qué bárbaro!)

PERICO.—¡Aquí tienes el vinagre! *(A Gregoria.)*

GREGORIA.—Déjalo en la cocina.

PERICO.—Está bien. *(Medio mutis.)*

GREGORIA.—¡Ah!

PERICO.—¿Qué?

GREGORIA.—Que a ver si me llevas una buena carga de leña. Ya no tengo más que unos sarmientos.

PERICO.—Bueno, mujer. Ahora lo sacaré de la leñera. *(Va a la cocina y deja la botella del vinagre y vuelve enseguida con una espuerta grande, con la cual, a hombros, poco después sale de la leñera, entrando en la cocina. Después pasa por la escena y vase a la huerta.)*

DOLORES.—*(A Maruja, que baja cantando y se dirige al arcón que habrá en el foro.)* ¡Pero, hija, por Dios! Parece mentira que tengas ganas de cantar en estos momentos.

MARUJA.—¡Ay, es verdad, no me acordaba! Perdóneme usted, tía. *(Muy cariñosa.)*

DOLORES.—Es una felicidad tener un carácter tan alegre como el tuyo. Toma las almohadas *(A Gregoria.)*, y lleva todo eso a la sala de arriba. *(Vase Gregoria por la segunda izquierda bajando al poco rato de la cocina.)*

MARUJA.—*(Que mide el trigo que saca del arcón con una taza y lo echa en una cesta pequeña.)* ¡Una..., dos..., tres... y cuatro! *(Cierra el arcón.)*

DOLORES.—¿Qué es eso? ¿Vas a dar de comer a tus gallinas?

MARUJA.—Sí, señora.

DOLORES.—Y llevarás, como siempre, una fanega de trigo.

MARUJA.—¡Una fanega! Pero, tía, si nunca llevo más que cuatro tazas.

DOLORES.—Justo; cuatro ahora, y otras cuatro al mediodía y otras cuatro por la mañana. Debían estar reventando de gordos esos animalitos.

MARUJA.—Y lo están. Hay, sobre todo, una gallina calzada y otra moñuda, que son lo mismo que dos pavas. Da gusto verlas.

DOLORES.—Esas harán buen caldo.

MARUJA.—¿Qué? ¿Quiere usted matarlas?

DOLORES.—Naturalmente. Ahora que tu primo necesitará un caldo nutritivo y sustancioso...

MARUJA.—Tiene usted razón; por el pobre Carlos soy capaz de sacrificar la moñuda y hasta la calzada. Voy a darles de comer, que ya me estarán esperando.

DOLORES.—¡Dichosa tú, que no piensas más que en las gallinas!

MARUJA.—¿Y qué le voy a hacer? Como en el pueblo escasean los pollos, tengo que contentarme con los de corral.

DOLORES.—Anda, anda, bachillera.

MARUJA.—Hasta luego. *(Entra en la cocina, desde donde se supone que sale al corral por la derecha.)*

## ESCENA II

DOÑA DOLORES, luego DON INDALECIO, que sale por la primera derecha con un periódico en la mano.

DOLORES.—¡Qué chiquilla más alegre! Mentira parece que se haya educado con las monjas. Siempre está como unas castañuelas. *(Se oye cacarear a las gallinas en el corral.)* Ea, ya se alborotó el gallinero. *(Mirando por la ventana.)* ¡Cómo pican, cómo revolotean y cómo se atracan de trigo! Oye, Maruja, aquella que se acerca al bebedero es la que se debe matar. Pega un puntapié a ese pato, que no deja comer a los pollitos. *(Óyese lejano el último toque de la campana de la iglesia. Sale Perico de la cocina y se va por la puerta del foro derecha.)*

INDALECIO.—*(Saliendo)* Pero ¿qué es eso? ¿No vais a la novena? ¡Éste es el último toque!

DOLORES.—Esta tarde no vamos. Quiero ir contigo a la estación a recibir a nuestro sobrino.

INDALECIO.—Bueno, como gustes. Ambrosio el tartanero vendrá a tiempo para llevarnos. Ya le envié recado por Perico.

DOLORES.—Pero, hombre, ¿es posible que no te atrevas a andar a pie ni un cuarto de legua, cuando es lo que te conviene? Ya sabes lo que te aconseja siempre don Saturio. Ejercicio y mucho ejercicio. Y tú, nada; quieto y siempre quieto.

INDALECIO.—Bueno, mujer, haré ejercicio. Iremos a pie.

DOLORES.—Que vaya Ambrosio a la estación para traernos luego, porque Carlitos no vendrá en disposición de hacer una caminata tan larga. Tú y yo nos iremos tranquilamente por el atajo, y nos sirve de paseo.

INDALECIO.—¿Por el atajo? Ya estoy sudando sólo de pensarlo. Pero, en fin, hágase tu voluntad; por el atajo iremos.

DOLORES.—Verás qué bien te sienta.

INDALECIO.—Corriente; pero, mira, llévate unos bollitos o unas mantecadas para comérnoslos al paso en la fuente del Obispo.

DOLORES.—¿Qué? ¿No quieres tomar chocolate esta tarde?

INDALECIO.—Sí, mujer, sí; eso no quita. Es para luego. El chocolate lo tomaremos ahora. Di que vayan haciéndolo. *(Se sienta en el sillón.)*

DOLORES.—Hay tiempo sobrado. El tren llega hace muchos días con más de una hora de retraso.

INDALECIO.—Hoy llegará puntual, porque acabo de leer en *La Crónica* que está ya compuesto el puente de Valdeterrones.

DOLORES.—En ese caso, prevendré a la muchacha. *(Desde la puerta de la cocina.)* ¡Gregoria! Haz el chocolate y tráelo.

GREGORIA.—*(Dentro.)* ¡Al momento!

INDALECIO.—Oye, Dolores, ¿se acabó ya el roscón aquel que nos mandaron las Capuchinas de Salamanca?

DOLORES.—¡Sí te lo comiste en dos días!

INDALECIO.—Es verdad. ¡Qué lástima! Hay roscones que no debían acabarse nunca.

DOLORES.—Dios te conserve ese apetito.

INDALECIO.—Amén. El día que esta máquina deje de funcionar como hasta ahora, ¡adiós, Indalecio!

## ESCENA III

DICHOS y PERICO, por el foro derecha, con una bomba con manga de riego de jardín.

PERICO.—¡Señor!

INDALECIO.—¿Qué hay?

PERICO.—Aquí está ya la bomba. El herrero la ha dejado como nueva.

INDALECIO.—¿La han probado ya?

PERICO.—Sí, señor; ahora mismo en la fragua, y llegaba el chorro hasta en ca del veterinario. Tiene una fuerza...

DOLORES.—¿Cuánto ha llevado?

PERICO.—Dice que ya vendrá a cobrarla.

DOLORES.—Bueno, bueno; pues anda y riega, ante todo el cuadro de las escarolas, que buena falta le hace.

PERICO.—Enseguida. *(Vase a la huerta.)*

DOLORES.—¡Dichosa bomba! Nos va a costar un dineral.

PERICO.—*(Desde el foro.)* Sí, señor; pase usted.

INDALECIO.—¿Quién es?

PERICO.—El médico. *(Vase.)*

## ESCENA IV

DICHOS y DON SATURIO, por el foro derecha.

DOLORES.—¡Hola, don Saturio!

SATURIO.—Felices tardes.

INDALECIO.—Muy buenas.

SATURIO.—Acaban de decirme en casa que me han llamado ustedes. ¿Ocurre novedad?

DOLORES.—Sí, señor.

SATURIO.—Alguna indigestión de usted, de seguro. *(A Don Indalecio.)* Come usted demasiado, se lo estoy diciendo siempre.

INDALECIO.—Como lo que necesito, y lo digiero admirablemente.

DOLORES.—No; no es éste el enfermo.

SATURIO.—¿Acaso Marujita?

DOLORES.—Tampoco. Es mi sobrino.

SATURIO.—¿Qué sobrino?

DOLORES.—Carlitos, el que tenemos estudiando en Madrid.

SATURIO.—Pues ¿cuándo ha llegado, que yo no lo sabía?

DOLORES.—No; si no ha llegado. Vendrá esta tarde en el tren correo; pero antes de que llegue hemos querido hablar con usted.

SATURIO.—Pues hablemos.

DOLORES.—Tomará usted chocolate con nosotros, ¿eh?

SATURIO.—Sí, señora, con mucho gusto. Precisamente hoy no podré tomarlo en mi casa, porque necesito ir esta misma tarde a Villarejo.

INDALECIO.—Pues siéntese usted, don Saturio. *(Vase Doña Dolores a la cocina y sale inmediatamente.)*

SATURIO.—Sepamos lo que pasa a ese chico. *(Se sientan a la mesa.)*

INDALECIO.—Verá usted. Ayer recibimos esta carta suya, que nos ha sorprendido.

DOLORES.—Estamos muy disgustados. *(Sentándose.)*

INDALECIO.—Mucho.

SATURIO.—Veamos.

INDALECIO.—*(Leyendo.)* «Madrid, cinco septiembre. Mis queridos e inolvidables tíos.»

DOLORES.—*(Conmoviéndose.)* ¡Es de lo más cariñoso!

INDALECIO.—«Inolvidables tíos: Mi silencio, que tanto ha extrañado a ustedes, no ha obedecido, como suponen, a falta de cariño, ni a olvido, ni a ingratitud.»

DOLORES.—Nos quiere muchísimo.

INDALECIO.—«Por no alarmar a ustedes, nada les había dicho del mal estado de mi salud.»

DOLORES.—¡Pobrecito!

INDALECIO.—«Pero en vista de que la enfermedad ha tomado un carácter grave, me creo en el deber de decírselo con toda franqueza.»

SATURIO.—¡Demonio!

DOLORES.—¡Debe estar gravísimo!

SATURIO.—Siga usted, don Indalecio.

INDALECIO.—«He consultado con los médicos más notables de Madrid, y todos están conformes en que padezco del estómago, del hígado, del bazo y de los riñones.»

SATURIO.—¡Caracoles!

INDALECIO.—Por lo visto está todo él echado a perder.

SATURIO.—No hay que apurarse, no hay que apurarse todavía. Siga usted. *(Sale Gregoria de la cocina con una bandeja con tres pocillos de chocolate y tres platillos con bizcochos, los cuales pone encima de la mesa delan-*

*te de cada personaje. Vase y vuelve a salir con otra bandeja con tres copas de agua, haciendo la misma operación.)*

INDALECIO.—«Los sacrificios que han hecho ustedes para que siga mi carrera; los inmensos favores que les debo; la protección verdaderamente paternal con que me tratan, me han hecho dudar antes de proporcionarles este disgusto.» Sigue, Dolores, que se me va a enfriar el chocolate.

DOLORES.—Trae, hombre. *(Lee.)* ¿Dónde llegabas?

INDALECIO.—Al disgusto. *(En este momento saca Gregoria las copas con el agua.)*

DOLORES.—Sí, aquí está el disgusto. «Pero las circunstancias me obligan y debo hablarles con toda claridad. Según la opinión de cuantos doctores me han visto, es imposible mi curación en Madrid.»

SATURIO.—¡Claro! Que se venga al pueblo. Lo que hace falta a esos muchachos es el aire libre, la atmósfera pura del campo...

DOLORES.—No, señor, no es eso. Verá usted. «Todos ellos consideran imprescindible que marche sin pérdida de tiempo a París, donde únicamente podrán hacerme la operación que necesito.»

SATURIO.—¡Operación! No comprendo.

DOLORES.—Pues así, así lo dice.

SATURIO.—¿Y qué más?

DOLORES.—Añade que espera de nosotros este nuevo sacrificio pecunario y que viene para emprender desde aquí su marcha.

SATURIO.—Por los datos que da no es fácil formular un diagnóstico. Le veremos, y entonces..., ¿quién sabe? ¡Acaso no necesite ir a Francia! Ese afán de creer que en el extranjero lo curan todo es cosa que me saca de mis casillas. No parece sino que los médicos españoles somos unos ignorantes... Pues no, señora; aquí, sin ir más lejos, me tienen ustedes a mí, un humilde médico de pueblo, y que, sin embargo, hace uso de todos los adelantos de la ciencia. Yo no soy rutinario. ¿Hay un sistema nuevo? Lo estudio. ¿Conviene? Pues lo aplico. Así, tan amante del progreso como el que más, empleo en mis clientes la hidroterapia, la electroterapia y la aeroterapia.

INDALECIO.—Todas las terapias.

SATURIO.—La hidroterapia, sobre todo, y principalmente las duchas en sus múltiples aplicaciones, me han dado siempre excelentes resultados. *(Cuando Don Indalecio acaba de comerse sus bizcochos, mientras Doña Dolores lee la carta, cambia su platillo por el de ella y continúa comiendo.)*

INDALECIO.—¡Calle! Esa chica no me ha puesto bizcochos.

SATURIO.—Hay aquí; tome usted.

INDALECIO.—Gracias, no tengo apetito. Lo sorberé.

SATURIO.—Yo, con permiso de ustedes, voy a despachar pronto mis visitas para marchar a Villarejo antes de que anochezca. De todos modos pasaré por aquí para ver a su sobrino de ustedes aunque sólo sea un momento. *(Levantándose.)*

INDALECIO.—Hombre, va usted a hacerme un favor. En Villarejo verá usted probablemente al tío Celedonio.

SATURIO.—De seguro.

INDALECIO.—Que me mande por usted las cuatro mil pesetas de la venta del trigo

SATURIO.—Haré el encargo con mucho gusto.

INDALECIO.—Usted dispense, pero...

SATURIO.—Quite usted, hombre. Pues no faltaba más.

MARUJA.—*(Saliendo de la cocina con la cestita de antes, que guarda en el arcón.)* Buenas tardes, don Saturio.

SATURIO.—Hola, Marujita. Cómo ha mejorado esta muchacha. *(Sale Gregoria de la cocina con una bandeja grande, recoge el servicio de chocolate y se la lleva.)*

MARUJA.—Sí, no estoy mal, gracias a Dios.

SATURIO.—¡Qué has de estar mal, si estás hecha un pimpollo! Vaya, abur.

DOLORES.—Que no deje usted de venir.

SATURIO.—Vendré, vendré

INDALECIO.—Hasta luego.

DOLORES.—Que usted lo pase bien.

MARUJA.—Adiós, don Saturio. *(Vase Don Saturio por el foro derecha.)*

## ESCENA V

DICHOS, menos DON SATURIO.

DOLORES.—Ea, Indalecio, vamos a la estación, que va siendo la hora. *(A Maruja.)* Sácame la mantilla. *(Vase Maruja por la primera derecha y sale con la mantilla para Doña Dolores.)* Yendo contigo hay que tomarlo con tiempo.

INDALECIO.—Vamos, mujer, vamos cuando quieras. ¡Ah!, no te olvides de las mantecadas.

DOLORES.—¿Pero es posible?

INDALECIO.—Sí, es posible que dentro de un rato sienta debilidad. Esta fuerza digestiva que Dios me ha dado... De seguro, antes de llegar a la fuente del Obispo tengo ya el chocolate en los talones. *(Se va a la primera derecha por el sombrero. Maruja, que habrá sacado la mantilla, ayuda a su tía a ponérsela. Doña Dolores va al armario, lo abre, coge las mantecadas y las envuelve en el periódico que habrá dejado Don Indalecio sobre el sillón.)*

DOLORES.—*(A Maruja.)* Anda, ve a la sala de arriba, haz la cama y pon en orden todo aquello. Carlitos vendrá cansado del viaje y necesitará acostarse en cuanto llegue. *(Sale Don Indalecio por la primera derecha poniéndose el sombrero.)*

MARUJA—Pues hasta luego.

INDALECIO.—Adiós, Marujita. *(Vase Maruja por la segunda izquierda.)*

## ESCENA VI

DICHOS, menos MARUJA; luego DOÑA BLASA y PÍO, por el foro derecha.

DOLORES.—Vamos, hombre, vamos, que no arrancas nunca. *(Le da las mantecadas.)*

INDALECIO.—Andando.

BLASA.—*(Dentro.)* Pues no sabíamos una palabra.

INDALECIO.—¿Quién es?

DOLORES.—Doña Blasa y su hijo. Adelante, doña Blasa.

BLASA.—Buenas tardes. Por nosotros no se detengan ustedes, que no queremos molestar. Nos chocó no verlas en la novena, y por eso veníamos, a ver si ocurría alguna novedad; pero ya acaba de decirnos el criado lo del pobre Carlitos, y que iban ustedes a esperarle.

DOLORES.—Sí, allá íbamos. *(Don Indalecio empieza a comerse las mantecadas.)*

BLASA.—Pues vayan ustedes, vayan ustedes. Eso de la enfermedad no será nada. Ya recordarán ustedes el susto que éste nos dio hace dos años, cuando estaba en el seminario. Bien creímos que se moría. Pues en cuanto llegó aquí y lo cogí yo por mi cuenta, con un cocimiento de genciana, un jarabe de caracoles y unos reparos de vino blanco en la boca del estómago, lo puse como nuevo. Ahí lo tienen ustedes, tan sano y tan gordo.

DOLORES—Ya, ya... Pues con su permiso, doña Blasa.

BLASA.—Sí, sí; vayan ustedes, que con nosotros no hay que gastar cumplidos. Maruja nos hará la visita. ¿Por dónde anda?

DOLORES.—Arriba está; llámala, Indalecio.

INDALECIO.—*(Que tiene la boca llena.)* ¡Hum! *(Traga.)* Creí que me ahogaba.

BLASA.—Deje usted. Estará ocupada. Aquí la esperaremos.

DOLORES.—Pues hasta otro rato. Muchas memorias al señor cura.

BLASA.—Mil gracias. Vayan ustedes con Dios.

INDALECIO.—(Con este retraso ya no vamos a tener tiempo de merendar en la fuente del Obispo.) *(Vanse por el foro derecha.)*

## ESCENA VII

DOÑA BLASA y PÍO.

BLASA.—¡Pero qué soso eres, hijo mío! Te aseguro que me quemas la sangre. No hay quien te saque ni una palabra del cuerpo. *(Va a hablar Pío.)* Ya sé lo que vas a decir: que no puedes remediarlo; que es así tu carácter. Pues que no sea así. Con ese genio no se va a ninguna parte. Yo no sé qué os dan en el seminario, que parece que os asustan. *(Pío va a hablar.)* No digas que no. Y para vivir en el mundo no se puede ser tan apocado. Y tú necesitas vivir en el mundo. Ya podías estar bien convencido de que la carrera eclesiástica no te conviene; debiera bastarte el ejemplo de tu tío, mi pobre hermano. Tú lo ves, si no fuera porque yo soy una mujer muy económica y porque él es un hombre de muy pocas necesidades, no sé cómo nos habíamos de arreglar. Un curato no da para nada, y no creo que tú pretendas salir del seminario y sentar plaza de canónigo. *(Va a hablar Pío.)* Nada, nada, que esa vocación es una tontería. Hay que pensar en el porvenir. Tu tío, que hoy es nuestro único apoyo, tiene mucha edad, puede morirse el día menos pensado. Figúrate que se muere: ya se murió ¿Qué hacemos entonces? Esto es lo que quiero que pienses: a los veintidós años se debe pensar en otras cosas. Tú necesitas crearte un porvenir, casándote con una muchacha de buena posición. ¿Y quién mejor que Maruja? Es una joven bonita, bien educada y virtuosa, y su tío don Indalecio es el hacendado más rico del pueblo. No tiene más herederos que esta chica y su sobrino. Y ya has oído que éste viene de Madrid muy enfermo. Lo más probable es que se muera. Figúrate que se muere: ya se murió. No queda más heredera que Maruja. Te casas con ella, vivís aquí, al lado de vuestros tíos, felices y contentos. Don Indalecio ya ves cómo está: hecho una bola. Con la vida que hace y con lo que come va a reventar el mejor día. Figúrate que revienta: ya reventó. Pues ya tienes a tu mujer en posesión de toda esta fortuna, y aquí paz y después gloria. Desengáñate, Pío; en esta casa tienes la verdadera canonjía.

## ESCENA VIII

DICHOS y MARUJA por la segunda izquierda.

MARUJA.—¡Ah! ¡Estaban ustedes aquí! No sabía nada.

BLASA.—¡Hola, Marujita! Nos dijeron tus tíos que andabas por arriba ocupada, y no hemos querido llamarte.

MARUJA.—Sí, señora; he estado arreglando la habitación para mi pobre primo.

BLASA.—¡Siempre tan buena y tan hacendosa! Eres una alhaja.

MARUJA.—Favor que usted me hace.

BLASA.—No, hija, no: justicia. Eso precisamente le estaba diciendo a Pío cuando llegaste. Maruja hará la felicidad de cualquier hombre. Dichoso tú si encuentras una mujer de sus condiciones.

MARUJA.—¡Doña Blasa, por Dios! Me parece que para ama de cura soy demasiado joven.

BLASA.—¿Cómo ama? Si no se trata de eso. Por lo visto tú ignoras que éste ha colgado ya los hábitos.

MARUJA.—¡Es posible!

BLASA.—Como lo oyes. Ahí lo tienes, resuelto a no volver al seminario.

MARUJA.—¿Qué me cuenta usted?

BLASA.—Ya no quiere ser cura. Me ha dado ese disgusto *(Pío se abanica con el sombrero.)*; pero yo soy enemiga de torcer sus inclinaciones.

MARUJA.—¡Vaya con Pío!

BLASA.—Y a mí no me la pega. Lo que demuestra este cambio tan completo es que este chico está enamorado. *(Se abanica Pío.)*

MARUJA.—¿Y de quién?

BLASA.—Lo ignoro. Ya sabes lo reservado que es; no hay modo de sacarle una palabra del cuerpo. (A ver si tú con maña consigues averiguarlo.) Vaya, Marujita, yo me voy, que ya es tarde.

PÍO.—¡Sí, vámonos, vámonos!

BLASA.—¡No, hombre, no! Tú quédate para esperar a Carlitos. Al fin y al cabo sois amigos de la infancia. (No seas pazguato. Ésta es la mejor ocasión. Aprovéchala.) Adiós, hija.

MARUJA.—Vaya usted con Dios, doña Blasa.

BLASA.—Deja, deja; no te molestes. Adiós, hija mía; hasta otro rato; que no haya novedad. *(Vase foro derecha.)*

## ESCENA IX

PÍO y MARUJA.

PÍO.—(¡Virgen de las Angustias, y qué angustias tan gordas me hace pasar mi madre! ¡No quiere convencerse de que yo he nacido para cura y nada más que para cura!)

MARUJA.—Está bien, señor don Pío; está bien. ¿Conque ésas tenemos? ¿Quién había de sospecharlo?

PÍO.—Si yo no...

MARUJA.—A mí no me vengas con hipocresías. Los que miran siempre para el suelo son los peores. Cuando tu madre asegura que estás enamorado, sus razones tendrá. Y si no, ¿por qué renuncias a la carrera, vamos a ver?

PÍO.—Si yo no...

MARUJA.—Vaya, no seas reservado conmigo. Tengo verdadera curiosidad por saber quién es la dama de tus pensamientos.

PÍO.—Pero, si yo no...

MARUJA.—De seguro que es Manolita, la sobrina del boticario.

PÍO.—¡Jesús!

MARUJA.—¿No? Pues entonces es Nicanora.

PÍO.—¡Ave María Purísima!

MARUJA.—¿Tampoco? Esta no falla... Estás enamorado de Soledad.

PÍO.—¡Virgen de la Soledad!

MARUJA.—Pues, hijo mío, te he nombrado las únicas muchachas disponibles que hay en el pueblo. Digo, yo no recuerdo ninguna más. Es decir..., queda otra... (¡Quedo yo! ¿A que resulta que está enamorado de mí este muchacho?) Oye, Pío, ¿tú no recuerdas alguna otra?

PÍO.—Yo, no...

MARUJA.—(Como es así, tan tímido... Acaso no se atreva a declararse. Y bien mirado, no es feo. ¡Qué ha de ser! Si vistiese de otra manera y se dejase la barba...) Di, Pío, ¿por qué no te dejas la barba?

PÍO.—¡Yo barba! ¡Qué barbaridad!

MARUJA.—No sé por qué. Si ya no has de ser eclesiástico.

PÍO.—Oye, Maruja; yo quiero decirte la verdad.

MARUJA.—Dila, dila. (Se me va declarar.)

PÍO.—Tú eres muy bondadosa y me perdonarás, de seguro.

MARUJA.—¡Ya lo creo! Date por perdonado.

PÍO.—Pues bien; mi madre es la que... No sé cómo decírtelo. Naturalmente, el respeto... Pero no lo puedo remediar, mi inclinación...

MARUJA.—Nada de torcer las inclinaciones. ¿Que tu vocación te llama por ese lado? Pues ve por ahí.

PÍO.—¡Ah! Tú me comprendes.

MARUJA.—(¡Cómo se le anima la mirada! Parece otro.) Sigue, sigue.

PÍO.—Yo estoy decidido.

MARUJA.—Haces muy bien. Cuando las intenciones son santas y buenas, no deben contrariarse.

PÍO.—Eso digo yo. *(Se oye dentro el sonido de cascabeles.)*

MARUJA.—¿Estás resuelto a ello? Pues nada de vacilaciones ni de dudas. A arreglar el asunto lo más pronto posible, y cuanto antes al altar.

PÍO.—¡Eso es, al altar! Ya me estoy viendo allí revestido con mi casulla y diciendo a los fieles: «¡Dominus vobiscum!»

MARUJA.—(¡Dios mío! ¡Ahora salimos con que quiere cantar misa! Pues me luzco si llego a escurrirme un poquito más.)

## ESCENA X

DICHOS; PERICO, que sale por el foro derecha; GREGORIA, por la cocina al mismo tiempo. Luego CARLOS y AMBROSIO, por el foro derecha; el último con maleta y manta de viaje.

PERICO.—¡Señorita!

GREGORIA.—¡Señorita!

MARUJA.—¿Qué hay?

PERICO.—Que a la puerta se ha parado la tartana del tío Ambrosio.

GREGORIA.—*(Desde el foro.)* Y se ha apeado un señorito, que debe ser su primo de usted.

MARUJA.—¡A ver! *(Yendo a la puerta del foro.)* ¡Sí, él es! ¡Y los tíos que se han ido por el atajo! Vete a escape a ver si los alcanzas para que vuelvan.

PERICO.—Voy a ponerme la chaqueta. *(Vase por la cocina y sale al poco rato.)*

GREGORIA.—*(A Pío.)* ¡Pobrecillo! ¡Qué cara trae!

MARUJA.—¡Carlos!

CARLOS.—¡Maruja! *(Se abrazan. Al llegar al medio de la escena, Carlos finge un desvanecimiento y se desmaya sobre el hombro de Maruja.)*

MARUJA.—¡Se ha desmayado! ¡Ayudadme! *(Le ayudan Pío y Gregoria.)*

PERICO.—¡Pobre Carlos!

MARUJA.—Sentémosle aquí. *(En el sillón que habrá en medio de la escena.)* Vamos, hombre, ten ánimo. Ya estás a nuestro lado.

PÍO.—Sí, anímate, anímate.

GREGORIA.—Al menos tiene usted el gusto de morir entre su familia.

CARLOS.—(¡Animal!)

PERICO.—¡Ay, qué malito viene!

MARUJA.—Anda, hombre, anda a escape. *(Vase Perico foro derecha.)*

AMBROSIO.—*(Saliendo con la maleta y manta de viaje.)* ¿Dónde pongo esto?

MARUJA.—¿Gregoria? Llévalo a la sala de arriba. *(Gregoria recoge la manta y la maleta de viaje y se va con ellas por la segunda izquierda, volviendo a bajar al poco rato, yéndose a la cocina.)*

CARLOS.—Paga a ese hombre... Yo... no tengo fuerzas ni para sacar el dinero.

MARUJA.—Ande usted, Ambrosio, ya se le pagará.

AMBROSIO.—Está bien, señorita. Buenas tardes. *(Acercándose por detrás al oído de Carlos y gritando.)* Que usted se alivie.

CARLOS.—¡Ah! Gracias. *(Vase Ambrosio por el foro derecha, y a poco vuelven a sonar los cascabeles, figurando que se aleja la tartana.)* ¡Ay, Pío! ¡Ay, Maruja! ¡Yo estoy muy malo!

MARUJA.—Vamos, hombre, no te desalientes.

PÍO.—Lo primero que necesitas es descansar. Y ya que he tenido el gusto de verte tan bueno... Digo, ya que he tenido el gusto de verte tan malo... En fin, voy a la iglesia a pedir a San Antonio que te dé lo que necesitas.

CARLOS.—Sí; que me dé lo que necesito. Pídeselo de todo corazón.

PÍO.—Que descanses. Adiós, Maruja.

MARUJA.—Adiós, Pío. *(Acompaña a Pío hasta el foro, y con el gesto indican ambos el mal estado en que se encuentra Carlos. Vase Pío.)*

## ESCENA XI

CARLOS y MARUJA.

CARLOS.—¡Ay!
MARUJA.—¿Quieres algo? ¿Necesitas alguna cosa?
CARLOS.—*(Con desaliento.)* ¿Y los tíos? ¿Dónde están mis tíos?
MARUJA.—Fueron por el atajo a la estación.
CARLOS.—¿Pero no están en casa?
MARUJA.—No; estoy yo sola.
CARLOS.—¿Sola?
MARUJA.—¡Sí!
CARLOS.—Cierra aquella puerta. *(Maruja cierra la de la primera derecha.)* Cierra aquella otra. *(Cierra la de la primera izquierda.)* Ciérralas todas. *(Cierra la de la cocina.)*
MARUJA.—¡Qué miedo tienes a las corrientes de aire!
CARLOS.—No; si a lo que tengo miedo es a otra cosa.
MARUJA.—(¡Está delirando, sin duda!) ¿A qué tienes miedo?
CARLOS.—¿No anda nadie por ahí?
MARUJA.—Nadie.
CARLOS.—*(Levantándose.)* Pues oye, Maruja.
MARUJA.—¡Ay, Dios mío!
CARLOS.—Tranquilízate. Tú siempre me has querido como a un hermano.
MARUJA.—Y te quiero.
CARLOS.—Ya lo sé... Tú eres muy buena, muy cariñosa y, sobre todo, muy discreta.
MARUJA.—Bien, pero...
CARLOS.—Necesito tu apoyo.
MARUJA.—Apóyate. *(Ofreciéndole el brazo.)*
CARLOS.—No es eso. Es tu apoyo moral.
MARUJA.—¿Cómo?
CARLOS.—Maruja, Marujita, prima de mi alma, si yo te revelara un secreto gravísimo, ¿serías capaz de guardarlo?
MARUJA.—Ya lo creo.
CARLOS.—Tú eres la única persona a quien puedo confiarme. Yo necesito alguien que me ayude. Mi situación, créelo, Maruja, es gravísima.
MARUJA.—No tanto hombre; no estás tan malo como crees.
CARLOS.—No, si no estoy malo.
MARUJA.—¿Qué?

CARLOS.—¡Si tengo una salud a prueba de bomba!

MARUJA.—¿Qué dices? *(Muy sorprendida.)*

CARLOS.—Ese es el secreto.

MARUJA.—¿Eh?

CARLOS.—Que ése es el secreto.

MARUJA.—Me dejas asombrada. ¿Conque estás bueno?

CARLOS.—Bien, gracias, ¿y tú?

MARUJA.—No te comprendo. Explícate, por Dios, de una vez, que ya me tienes impaciente

CARLOS.—Seré muy breve, porque quiero que te enteres de todo antes de que lleguen los tíos. *(Va Maruja al foro y baja enseguida.)*

MARUJA.—Habla.

CARLOS.—Oye la lista que he venido haciendo en el tren, y que representa el resumen de mis desdichas. *(Saca un papel del bolsillo y lee.)* «A la patrona...»

MARUJA.—¿Eh?

CARLOS.—«A la patrona, cuatro mensualidades, a 80 pesetas, 320; al zapatero, brodequines, zapatos y zapatillas, 100; al sastre, dos ternos y un ambo...»

MARUJA.—¿Cómo?

CARLOS.—«Pantalón y chaleco, 560; al camarero del Oriental, chocolates de la temporada y propinas, 85; al sereno, tres mensualidades y cuatro pesetas que me dio una noche, 10; a don Hermógenes Zaragüeta, ¡y esto es lo más gordo!, por dos pagarés y réditos, 3.000. Suma total, ¡asómbrate!: Cuatro mil setenta y cinco pesetas.» Esto es lo que debo en Madrid.

MARUJA—¡Jesús, Jesús y Jesús! ¿Pero cómo debes todo eso?

CARLOS.—Porque no lo he pagado.

MARUJA.—¡Y los tíos sin saber nada!

CARLOS.—De eso se trata, de que no lo sepan. ¿Crees tú que si les hubiera escrito diciéndoles estoy sano y bueno, pero debo cuatro mil pesetas, ellos me las hubieran mandado?

MARUJA.—¡Qué habían de mandarte!

CARLOS.—Pues yo a todo trance las necesito. Dos meses hace que no puedo salir de casa. Me acechan los acreedores. Hasta el sereno se ha negado a abrirme la puerta, y una noche tuve que dormir en la plaza de Oriente entre Recaredo y Chindasvinto.

MARUJA.—¡Pobre Carlitos!

CARLOS.—¿Tu sabes lo que es vivir en casa de una patrona a quien se le deben cuatro mensualidades? Es un suplicio horrible. Al despertar:

¡Ahí tiene usted el chocolate! *(Con exagerada brusquedad.)* En el almuerzo: ¡Ahí van los huevos fritos! Y a la comida: ¡Tome usted la sopa! Y así un día y otro, hasta que al fin dice uno: «Al Viaducto o a engañar a los tíos.» No hay más remedio.

MARUJA.—Y tú...

CARLOS.—Yo me he decidido por lo segundo. ¿Crees acaso que debía matarme?

MARUJA.—Hombre, eso no.

CARLOS.—Ya he hecho bastante: me he puesto muy enfermo. Este ha sido el único recurso que se me ha ocurrido. Confieso que no es muy noble que digamos, pero la necesidad me ha obligado a ello. Mis tíos son buenos, son sensibles, me quieren mucho.

MARUJA.—Ya lo creo; a ellos se lo debes todo.

CARLOS.—¡Todo, sí! Por eso quiero deberles también las cuatro mil pesetas. Comprende que un viaje a París y una operación quirúrgica no pueden costar menos.

MARUJA.—Pero si no estás enfermo, ¿a qué vas a París?

CARLOS.—¡Calla, tonta! Adonde me voy con el dinero en cuanto me lo den es a Madrid. Pago religiosamente a todos mis acreedores, y ya puedo salir por aquellas calles sin miedo a nadie y con la frente muy alta. ¡Qué insolencias le voy a soltar a la patrona! ¡Qué barbaridades le voy a decir al sereno! ¡Y qué bofetadas le voy a arrimar a Zaragüeta!

MARUJA.—Eso es, y vuelta otra vez a la misma vida, y...

CARLOS.—¡No digas eso! Estoy verdaderamente arrepentido. Los dos meses de cautiverio en la casa de huéspedes me han enseñado mucho. Estoy decidido a estudiar, a concluir mi carrera y a corresponder a los sacrificios de mis tíos.

MARUJA.—Ese propósito es muy santo; pero, desengáñate, es imperdonable que vengas a representar esta farsa.

CARLOS.—No es farsa, es un recurso; se me ocurrió leyendo la historia de los Papas.

MARUJA.—¿Cómo?

CARLOS.—¿Tu no has oído hablar nunca de Sixto V?

MARUJA.—Yo, no.

CARLOS.—Pues se fingió enfermo, valetudinario y caduco para que hasta sus propios contrarios le votasen en la elección de Pontífice, creyendo que viviría poco tiempo. En cuanto fue nombrado tiró el báculo en que se apoyaba, irguióse con entereza y dijo mirando a sus enemigos: «Estoy sano y bueno. Ya tienen ustedes Papa para rato.»

MARUJA.—¿Pero eso es cierto?

CARLOS.—Rigurosamente histórico. Conque si a todo un Cónclave le engaña por ese medio nada menos que un Papa, ¿qué tiene de particular que engañe a sus tíos un pobre estudiante, lleno de deudas y de necesidades? Repito que mi situación es muy apurada. La patrona, el sastre y hasta el sereno pueden esperar, pero don Hermógenes...

MARUJA.—¿Qué don Hermógenes?

CARLOS.—Zaragüeta. Ese no espera a nadie. Se ha enterado de que mis tíos viven aquí, y de que son ricos, y me ha amenazado con escribirles una carta reclamándoles lo que le debo antes de acudir a los tribunales. ¡Ese hombre es un bandido!

MARUJA.—¡No es posible que haga eso!

CARLOS.—Tú no conoces a Zaragüeta. Es un viejecito muy cortés y muy suave; pero con esa suavidad y esa cortesía le mete a uno en la cárcel como si tal cosa. Y es inútil irle con reflexiones. A todas se hace el sordo; es decir, no se hace, porque lo es.

MARUJA.—¿Es sordo?

CARLOS.—Completamente; pero yo te aseguro que, como los tíos me den ese dinero, me ha de oír las cosas que yo le diga.

MARUJA.—¡Válgame Dios!

CARLOS.—Ya comprendes que yo no puedo esperar a que él se decida a escribirles y lo descubra todo

MARUJA.—Tienes razón. Mira, yo puedo ayudarte en algo con mis ahorros.

CARLOS.—¿Cómo?

MARUJA.—Tengo una hucha con tres mil y pico de reales.

CARLOS.—¿Tres mil y pico? Acepto los tres mil, pero el pico de ninguna manera. No me gusta abusar.

MARUJA.—No digas eso.

CARLOS.—Lo que importa es que los tíos se convenzan de la necesidad de mi viaje a París y me den lo que necesito para pagar a ese prestamista infame. Si vacilan, convénceles. Diles que estoy muy malo... Que deben mandarme a Francia inmediatamente.

MARUJA.—Bueno...; pero yo..., en fin..., si me prometes cambiar por completo de conducta...

CARLOS.—Yo te lo prometo, yo te lo juro. Y ahora, por Dios, dame algo de comer, que me estoy cayendo de debilidad. Llevo diecisiete horas sin tomar alimento.

MARUJA.—¿Sí?

CARLOS.—Sólo he comido unos bombones de chocolate que compré en Villalba. Como venía con el dinero tasado, no he podido bajar a comer a ninguna parte.

MARUJA.—¡Pobrecillo!

CARLOS.—Así es que tengo un hambre canina.

MARUJA.—Voy al momento

INDALECIO Y DOLORES.—*(Dentro.)* ¿Dónde está? ¿Dónde está?

MARUJA.—¡Los tíos!

CARLOS.—Pues al sillón, y no me desampares. *(Se sienta en actitud de gran desfallecimiento.)*

## ESCENA XII

DICHOS; DON INDALECIO y DOÑA DOLORES, por el foro derecha.

INDALECIO.—¡Carlos!

DOLORES.—¡Carlitos! *(Le abrazan y le besan.)*

CARLOS.—¡Tío! ¡Tía!

INDALECIO.—¡Al fin estas a nuestro lado!

DOLORES.—¡Qué ganas teníamos de verte!

INDALECIO.—*(Por detrás de Carlos y aparte a Doña Dolores.)* (¡Qué mala cara tiene! Pero hay que animarle.) ¡Tienes muy buena cara!

DOLORES.—¡Nadie diría que estás enfermo!

CARLOS.—Pues estoy muy malo.

INDALECIO.—¡Vaya, vaya! Todo esto no es nada.

DOLORES.—Aquí te pondrás bueno.

CARLOS.—No, señora, no; yo necesito ir a París.

INDALECIO.—¡Qué París ni qué tonterías!

CARLOS.—¡Sí, tío, sí; estoy gravísimo! Que lo diga Maruja: al llegar aquí me dio un síncope. ¿Verdad?

MARUJA.—Sí..., es verdad.

CARLOS.—Me dan muchos síncopes.

DOLORES.—Pues ya se te pasará todo.

INDALECIO.—Aquí, con tranquilidad y buenas chuletas y buen vino...

CARLOS.—Eso no me sentaría mal...

DOLORES.—Sin embargo, hay que tener cuidado con la alimentación. En el estado en que te encuentras...

INDALECIO.—El comer bien no hace daño a nadie. A ver el pulso. *(Se lo toma.)* Yo no entiendo nada de esto, pero me parece que está muy débil.

CARLOS. —Mucho, sí, señor.

INDALECIO.—Por de pronto, di que le pongan una buena cena. *(A Maruja.)*

DOLORES.—Pero, hombre.

INDALECIO.—Unas sopitas con huevos, unas magras con tomate y un pollo asado.

CARLOS.—Sí, señor, sí.

INDALECIO.—¿Lo ves? *(A Doña Dolores.)* De oírlo sólo ya está más animado.

DOLORES.—¡Indalecio! ¡Por Dios!

MARUJA.—Tiene razón el tío; eso no puede sentarle mal.

CARLOS.—¡Eso creo yo!

DOLORES.—¿Tienes apetito?

CARLOS.—¡Mucho! Es decir..., yo no sé si es apetito, o malestar, o desfallecimiento...

INDALECIO.—¡Debilidad, debilidad y debilidad! De eso se mueren la mitad de los enfermos... Anda, y que le dispongan la cena.

MARUJA.—Voy enseguida. *(Vase a la cocina.)*

## ESCENA XIII

DICHOS, menos MARUJA.

CARLOS.—*(Dando un gran suspiro.)* ¡Ay!

INDALECIO.—¿Qué es eso? *(Acercándose con una silla.)*

DOLORES.—¿Y te sientes peor? *(Sentándose al lado de Carlos.)*

CARLOS.—Estoy muy grave, desengáñense ustedes. Me muero si no me voy a París mañana mismo.

INDALECIO.—Pero vamos a ver. *(Sentándose.)* ¿Desde cuándo has empezado a sentirte enfermo? Hasta hace ocho días no nos has dicho nada...

CARLOS.—Por no alarmar a ustedes, pero esto empezó..., ¡ay!..., por Carnaval.

DOLORES.—¿Hace tanto tiempo?

CARLOS.—Sí, señora; y luego en la Cuaresma me puse peor.

INDALECIO.—¡Claro! Las comidas de vigilia. ¡Esas espinacas son un veneno!

CARLOS.—Primero empecé a notar unas cosas muy raras. Unas veces sentía calor..., y otras frío; y otras... ni frío ni calor.

DOLORES.—¿Y qué más?

CARLOS.—Pues dolores en todas partes.

INDALECIO.—¿Dolores?

DOLORES.—¿Qué?

INDALECIO.—No. Le digo a éste. Dolores agudos, ¿eh?

CARLOS.—Muy agudos. Primero se me fijaban en un sitio... y luego en otro...; pero principalmente aquí, a los dos lados. *(Poniéndose las manos sobre los bolsillos del chaleco.)*

INDALECIO.—¿En los vacíos?

CARLOS.—Completamente vacíos.

INDALECIO.—¡Caramba, hombre! ¡Y nosotros sin saber una palabra!

DOLORES.—¡Y tú padeciendo de esa manera!

CARLOS.—¡Mucho! Dos meses me he pasado sin poder salir de la casa de huéspedes.

INDALECIO.—¡Dos meses!

CARLOS.—¡Sí, señor! Llegó el caso de no atreverme a andar por las calles.

INDALECIO.—¡Qué atrocidad!

CARLOS.—Con decir a ustedes que una noche tuve que dormir en un banco de la plaza de Oriente.

DOLORES.—¡Jesús!

INDALECIO.—¡Qué barbaridad! ¿Y te haría daño el sereno?

CARLOS.—No llegó a pegarme

INDALECIO.—¿Cómo?

CARLOS.—Digo que... ¡Ay! *(Quejándose muy fuerte.)*

DOLORES.—¿Qué?

INDALECIO.—¿Qué es eso ?

CARLOS.—Estos dolores, que no me dejan.

DOLORES.—¡Vamos, anímate, hombre!

CARLOS.—No puedo, tía, no puedo. Tengo una tristeza que me consume, una melancolía horrible, unas ganas de llorar. *(Llora.)*

DOLORES.—¡Pobrecillo! *(Llora. Se levanta.)*

INDALECIO.—¡Pobre Carlos! *(Idem. Idem.)*

CARLOS.—¡Sí, tía, sí! ¡Sí, tío, sí! Yo necesito ir a París inmediatamente.

## ESCENA XIV

DICHOS y MARUJA, con una bandeja con servicio para comer una persona.

MARUJA.—La cena va a estar enseguida; para que esperes menos, voy yo misma a poner la mesa. Pero ¿qué es eso? ¿Han llorado ustedes?

INDALECIO.—Nos ha conmovido éste con el relato de su enfermedad.

MARUJA.—(¡Qué pillo!)

DOLORES.—(Está muy malo.) *(A Maruja.)*

INDALECIO.—(Está muy débil.) *(Idem.)*

MARUJA.—Cenando se fortalecerá. Verán ustedes cómo se alivia, por el pronto al menos. ¿Verdad, Carlos?

CARLOS.—¡Yo creo que sí, porque siento una debilidad horrible! (¡Hombre! ¡Aún quedaban por aquí dos bombones de chocolate!) *(Se los come. Doña Dolores ayuda a Maruja a poner la mesa.)*

## ESCENA XV

DICHOS y DON SATURIO, por el foro izquierda.

SATURIO.—¡Hola! ¡Hola! ¿Ya tenemos por aquí al viajero?

DOLORES.—¡Don Saturio!

CARLOS.—(¡El médico! ¡Con esto no contaba yo!)

DOLORES.—*(Bajo a Don Saturio.)* (No me gusta nada.)

SATURIO.—(Ahora veremos.) ¡Carlitos!

CARLOS.—¡Don Saturio! *(Con voz muy débil.)*

INDALECIO.—Siéntese usted.

SATURIO.—No; ésta va a ser verdadera visita de médico. Han vuelto a llamarme con urgencia desde Villarejo, y me están esperando ahí con un coche. Conque vamos a ver: ¿qué tal se ha hecho el viaje?

CARLOS.—Muy mal, muy mal.

SATURIO.—(La cara indica sufrimiento.) *(A Doña Dolores.)* A ver esa mano. *(Le pulsa.)* La temperatura es normal. El pulso, sí, está algo débil. ¿Cuántas horas hace que no toma usted alimento?

CARLOS.—Muchas; desde Madrid.

SATURIO.—Entonces no es extraña la debilidad; tanto tiempo sin tomar nada.

INDALECIO.—Una barbaridad. Lo que yo decía.

SATURIO.—El pulso, sin embargo, no indica nada alarmante.

CARLOS.—Pues yo me siento muy mal, muy mal.

SATURIO.—A ver la lengua. *(La saca Carlos.)* (¡Malo!) *(A Doña Dolores.)*

DOLORES.—¿Qué?

SATURIO.—(De color de chocolate. No me gusta este síntoma.) Bueno, bueno; pues mañana haremos un reconocimiento más detenido, y...

## ESCENA XVI

DICHOS y GREGORIA, que sale de la cocina con una sopera y una fuente con un pollo; después PERICO, por el foro derecha.

GREGORIA.—*(Saliendo.)* La cena.

INDALECIO.—Eso es lo que necesita. Anda, hombre, anda. *(Carlos se levanta.)*

SATURIO.—¡Cómo cenar! ¡De ninguna manera! ¡Dieta absoluta!

CARLOS.—(¡Dios mío!)

SATURIO.—Ahora a la cama y a descansar.

DOLORES.—Tiene usted razón. A la cama, a la cama, hijo mío. *(Conduciéndole hacia la segunda izquierda.)*

CARLOS.—¿Pero tomaré algo? *(A Don Saturio.)*

SATURIO.—Agua con azúcar; ni más ni menos.

CARLOS.—Pero... *(Mirando a la mesa.)*

DOLORES.—Descuide usted, que yo me encargo de que no tome nada.

CARLOS.—¡Tía!

DOLORES.—¡A la cama, a la cama!

PERICO.—Don Saturio, que le esperan a usted. *(Vase.)*

SATURIO.—Allá voy. ¡Buenas tardes; queden ustedes con Dios!

DOLORES.—¡Abur!

MARUJA.—¡Adiós, don Saturio!

DOLORES.—¡Anda, hombre, anda! *(Subiendo los escalones. Carlos no separa la vista de la mesa.)*

MARUJA.—¡Pobre Carlos! *(A Don Indalecio.)*

INDALECIO.—¡A este muchacho me lo van a matar de hambre! *(A Maruja.)*

MARUJA.—Es posible.

GREGORIA.—¿Me llevo esto?

INDALECIO.—No; déjalo. Me lo comeré yo. *(Sentándose y destapando la sopera.)*

# ACTO SEGUNDO

La misma decoración del anterior.

## ESCENA PRIMERA

GREGORIA, MARUJA y luego PÍO.

GREGORIA.—*(Cantando a voz en grito y limpiando los muebles con unos zorros, con los cuales da golpes fortísimos.)*

MARUJA.—*(Que baja la escalera.)* ¡Gregoria! ¡Pero Gregoria!

GREGORIA.—¿Qué manda usted, señorita?

MARUJA.—Mujer, que no des esos gritos y esos golpes. Acuérdate de que arriba hay un enfermo y de que mi tío está durmiendo todavía.

GREGORIA.—¡Anda, anda, el señor! ¡Aunque se hundiera la casa! Esta madrugada, cuando entré el chocolate, tuve que despertarle poco menos que a puñetazos.

MARUJA.—Bueno, bueno; vete a la cocina, que yo acabaré la limpieza. *(Vase Gregoria.)* Pues, señor, bien. Yo no sé cómo lograremos salir de todo esto. El pobre Carlos se va a ver en un compromiso.

PÍO.—¡Santos y buenos días nos dé Dios!

MARUJA.—¡Hola, Pío; cómo madrugas! *(Sigue limpiando el polvo a los muebles mientras habla.)*

PÍO.—La costumbre del seminario. Yo oigo siempre la misa de alba.

MARUJA.—¿Y qué te trae por aquí?

PÍO.—Pues... lo primero preguntar cómo ha pasado la noche Carlitos.

MARUJA.—Muy mal.

PÍO.—¿Sí, eh?

MARUJA.—¡Claro! Figúrate que estar sin comer nada desde que salió de Madrid.

PÍO.—¿Pero no le han dado siquiera algunos calditos?

MARUJA.—¡Quia! Don Saturio le puso a dieta rigurosa, y mi tía, que le ha estado velando toda la noche, no le ha permitido tomar más que agua azucarada.

PÍO.—¡Caramba, caramba! Bueno. Pues... lo segundo...

MARUJA.—¿Qué segundo?

PÍO.—Lo segundo a que venía.

MARUJA.—¡Ah, ya!

PÍO.—Es hablarte de una cosa muy grave.

MARUJA.—¿Qué pasa?

PÍO.—Verás: ayer no me atreví a decirte la verdad: creí que podría evitarlo, pero ya no hay más remedio.

MARUJA.—Di, hombre, di. *(Dejando de limpiar.)*

PÍO.—Mi madre, Dios me lo perdone, pero me tiene frito.

MARUJA.—¿Cómo?

PÍO.—Se opone terminantemente a que yo sea cura.

MARUJA.—¿Pero ahora salimos con ésas? Pues si ayer me dijo ella misma que sentía mucho que no siguieras la carrera eclesiástica.

PÍO.—¡Quia!

MARUJA.—Y que ella no quería torcer tu vocación.

PÍO.—¡Quia!

MARUJA.—Y que tú estabas enamorado en secreto.

PÍO.—¡Quia!

MARUJA.—Entonces, no me explico...

PÍO.—Pues a eso vengo yo; a explicártelo. Mi madre está empeñada en que me case.

MARUJA.—¿De veras? ¿Y con quién?

PÍO.—*(Después de un momento de vacilación.)* Contigo.

MARUJA.—¿Conmigo? ¿Conque era cosa de ella?

PÍO.—De ella. ¡Cómo había de pensar yo en semejante barbaridad!

MARUJA.—¡Hombre, muchas gracias!

PÍO.—No. No lo digo por ofenderte; pero a mí me llama Dios por otro camino.

MARUJA.—¿Sí? ¡Pues vete bendito de Dios! Pero no comprendo por qué me cuentas esas historias.

PÍO.—Porque sólo tú puedes sacarme del apuro en que me encuentro.

MARUJA.—¡Vaya! ¡Aquí estoy yo para sacar de apuros a todo el mundo!

PÍO.—Como soy tan tímido, no me resolví ayer a contarte lo que me pasaba, ni me atreví a confesar después a mi madre que no te había dicho una palabra; y como ella es así, que todo se lo habla, y yo soy así, que todo me lo callo, resulta que a estas horas cree firmemente que tú y yo nos entendemos.

MARUJA.—¡Tiene gracia! Pues no nos entendemos. Y hazme el favor de decirle que no hay semejante cosa.

PÍO.—¡Por Dios, no te incomodes! Se me ha ocurrido una idea que lo resolvería todo.

MARUJA.—¿Cuál?

PÍO.—Decirle tú a mi madre que estás en relaciones con otro.

MARUJA.—¿Con quién?

PÍO.—Con cualquiera... Con Carlitos, por ejemplo.

MARUJA.—¡Qué atrocidad!

PÍO.—Pues es la única solución; estando tú comprometida, no me vería yo comprometido.

MARUJA.—¡Vaya, vaya! No me metas en esos líos, que ya tengo bastante en que pensar. Arréglalo como puedas y déjame tranquila. *(Yendo hacia el foro.)*

PÍO.—(No, pues yo a mi madre no le digo una palabra, porque con el genio que tiene, me pega. ¡Vaya si me pega!)

## ESCENA II

DICHOS y DOÑA DOLORES; después DON SATURIO y DON INDALECIO.

PÍO.—¡Ah! ¡Doña Dolores!

DOLORES.—¡Hola, Pío, buenos días! *(Por la segunda izquierda.)*

PÍO.—¿Cómo está usted?

DOLORES.—Rendida, hijo. Me he pasado toda la noche velando al pobre Carlos.

PÍO.—¿Y cómo sigue?

DOLORES.—Ahora está durmiendo bastante tranquilo.

PÍO.—Menos mal.

DOLORES.—¿Y tu tío? *(A Maruja.)*

MARUJA.—No se ha levantado todavía.

DOLORES.—Llámale, mujer, llámale. Con tanto comer y tanto dormir, ese hombre el mejor día va a dar un estallido.

PÍO.—Eso dice mi madre. *(Vase Maruja por la primera derecha.)*

DOLORES.—¿Cómo?

PÍO.—Que no es saludable dormir tanto.

DOLORES.—¡Qué ha de ser, hombre, qué ha de ser!

SATURIO.—*(Por el foro derecha.)* Buenos días, señora.

DOLORES.—Hola, don Saturio.

PÍO.—Buenos los tenga usted.

MARUJA.—*(Por la primera derecha.)* Aquí sale ya el tío. Felices, don Saturio.

SATURIO.—Hola, Marujita.

INDALECIO.—*(Por la primera derecha.)* Muy buenos días.

DOLORES.—*(Al ver a Don Indalecio.)* Gracias a Dios, hombre.

INDALECIO.—Mujer, reflexiona que me he pasado velando toda la noche

DOLORES.—Si te acostaste poco más de la una y desde las diez estuviste dando cabezadas.

INDALECIO.—Eso es cierto; yo no puedo trasnochar; es lo único que me hace daño.

SATURIO.—¿Y qué tal? ¿Cómo ha pasado la noche el enfermo? *(A Doña Dolores.)*

DOLORES.—Muy intranquilo y dando unos suspiros muy grandes y bostezando mucho.

MARUJA.—(¡Claro! ¡De hambre!)

SATURIO.—Nervioso, todo eso es nervioso.

DOLORES.—Al amanecer se quedó dormido; pero debía de tener alguna pesadilla, porque no hacía más que dar saltos en la cama y decir a cada momento: ¡Zaragüeta! ¡Zaragüeta!

MARUJA.—(¡Ay, Dios mío!)

SATURIO.—¡Qué cosa tan rara!

INDALECIO.—¡Zaragüeta! ¿Quién puede ser ese Zaragüeta?

PÍO.—Como no sea el marido de la viuda de las cajas de fósforos...

DOLORES.—¡Qué ha de ser ése!

INDALECIO.—Luego se lo preguntaremos.

MARUJA.—¡No! Yo sé quién es.

INDALECIO. —¿Quién?

MARUJA.—Me lo dijo ayer Carlos. Zaragüeta es... es don Hermógenes Zaragüeta... *(Después de pensar un instante.)* Uno de los médicos que le asistían en Madrid.

SATURIO.—¿El de cabecera acaso?

MARUJA.—Sí, señor; el de cabecera. Carlos le quiere muchísimo; le está muy agradecido. Sin duda por eso ha soñado con él.

SATURIO.—¡Zaragüeta! Pues no le conozco. Ea, vamos a ver al enfermo.
INDALECIO.—Sí, vamos.
SATURIO.—Haré un reconocimiento detenido y veremos lo que hay.
MARUJA. —(¡Que no lo vea, Dios mío!)
INDALECIO.—*(En la escalera.)* Ande usted, don Saturio.
SATURIO.—De ningún modo
INDALECIO.—Pase usted. *(Vanse los dos.)*

## ESCENA III

DICHOS, menos DON SATURIO y DON INDALECIO.

DOLORES.—Maruja, ve a la cocina y que pongan pronto el cocido, por si hay que dar a Carlitos algún caldo.

MARUJA.—(¡Caldo! Chuletas es lo que necesita.)

DOLORES.—¡Ah! Oye. ¿Dónde me has puesto el libro de cocina, que tengo que ver, por si acaso, aquella receta de gelatina con sustancia de carne?

MARUJA.—Me parece que lo he visto arriba, en el armario de la Solana. *(Vase foro izquierda.)*

DOLORES.—Sí, allí le dejé el otro día. Voy por él. *(Vase por la escalera.)*

## ESCENA IV

PÍO; luego PERICO Y DON HERMÓGENES por el foro derecha.

PÍO.—Pues, señor, yo me marcharía de buena gana a oír la misa de diez; pero como mi madre se empeña en que esté aquí todo el tiempo posible... ¡Mire usted que es empeño!

PERICO.—*(Dentro.)* Sí, señor, sí; pase usted.

PÍO—¿Eh?

PERICO.—Este caballero, que viene preguntando por los señores. *(Vase por el foro.)*

HERMÓGENES.—Servidor de usted.

PÍO.—Buenos días. (Es forastero.)

HERMÓGENES—¿Los señores de Ruipérez?

PÍO.—Sí, señor; aquí viven.

HERMÓGENES.—En la plaza me dijeron que era aquí, pero yo dudaba. Como no conozco este pueblo...

PÍO.—Tome usted asiento.

HERMÓGENES.—¿Cómo?

PÍO.—*(Ofreciéndole una silla.)* Que se siente usted.

HERMÓGENES.—¡Ah! *(Se sienta en el sillón.)*

PÍO.—Voy a llamar a los señores. Con su permiso. *(Vase por la escalera.)*

HERMÓGENES.—¡Ah! Por lo visto me ha dicho que espere. Esperaré.

## ESCENA V

DON HERMÓGENES.

HERMÓGENES.—Pues, señor, bien. ¿Cómo me recibirán aquí? Mal, como en todas partes; pero no hay más remedio. Si no tomo esta determinación me quedo sin los cuartos, y la cantidad no es para despreciada. *(Sacando los pagarés.)* Aquí están los pagarés, que con los réditos ascienden a tres mil pesetillas. Sí, éstos son. «Pagaré a don Hermógenes...» ¡Ya lo creo que pagará! Él, no; pero lo que es sus tíos, ¡vaya si me lo pagaran! *(Se levanta.)* ¿Qué puede suceder? ¿Que me insulten? Eso me tiene sin cuidado, porque a mí los insultos por un oído me entran y por otro me salen. Es decir, no me entran por ninguno; ésa es una de las ventajas de ser sordo. Para mi profesión es muy conveniente este defecto. Que me llaman esto y lo otro y lo de más allá..., ¡pues no lo oigo! Que me piden dinero cuando no me conviene darlo..., ¡a la otra puerta! Que me vienen con ayes y quejas y lamentaciones..., ¡soy un marmolillo! Nada, nada, que yo no oigo nunca más que lo que me conviene. Toda mi filosofía se encierra en esto: «Hacer oídos de mercader», «a palabras necias, oídos sordos» y «no hay peor sordo que el que no quiere oír».

## ESCENA VI

DICHO, DOÑA DOLORES y PÍO.

DOLORES.—Caballero...

PÍO.—Aquí tiene usted a doña Dolores

HERMÓGENES.—¿Eh? ¡Ah! ¿Es la señora de Ruipérez a quien tengo el honor de saludar?

DOLORES.—Servidora de usted.
HERMÓGENES.—Celebro tanto... Acabo de llegar a este pueblo.
DOLORES.—¿Y busca usted a mi esposo?
HERMÓGENES.—Precioso, sí, señora; es un pueblecito muy alegre.
DOLORES.—*(A Pío.)* (¿Qué dice este señor?)
PÍO.—(Me parece que es sordo.)
DOLORES.—(Por lo visto.) ¿A quién tengo el gusto...?
HERMÓGENES.—¿No está el señor de Ruipérez?
DOLORES.—Sí, señor; pero en este momento está ocupado.
HERMÓGENES.—¿Cómo? Advierto a usted que soy un poco...
DOLORES.—¡Ya, ya! Que mi esposo está ocupado. *(Muy fuerte.)*
HERMÓGENES.—¿Eh?
PÍO.—¡Ocupado! *(Idem.)*
HERMÓGENES.—¡Ah! Entonces volveré más tarde.
DOLORES.—Como usted quiera. ¿Su nombre de usted para decírselo?
HERMÓGENES.—No, no me conoce. Volveré, volveré luego.
DOLORES.—Pues vaya usted con Dios.
HERMÓGENES.—Servidor de usted. *(Volviéndose de pronto.)* ¿Cómo?
DOLORES.—No, nada.
PÍO.—*(Muy fuerte.)* ¡Nada!
HERMÓGENES.—¡Ah! Creí que... A los pies de usted. Que usted lo pase bien. *(A Pío. Vase foro derecha.)*

## ESCENA VII

DOÑA DOLORES y PÍO.

DOLORES.—¿Quién será este señor?
PÍO.—¡Pobre hombre! Está como un cacharro.
DOLORES.—Veré si encuentro esa gelatina. *(Se sienta, abre el libro y lo hojea.)*
PÍO.—Doña Dolores, yo sentiría mucho estar molestando...
DOLORES.—¡No, hijo mío, qué has de molestar! *(Leyendo.)* «Pato con guisantes.»
PÍO.—*(Sentándose.)* Entonces esperaré a ver lo que dice don Saturio. Deseo saber lo que opina de la enfermedad de Carlos. ¿Qué tendrá el pobrecillo?
DOLORES.—*(Leyendo.)* «Hígado mechado.»

PÍO.—¿Eh?

DOLORES.—Leía aquí.

PÍO.—¡Ah! Creí que decía usted que tenía el hígado mechado, porque eso sería muy grave.

DOLORES.—¡Ya lo creo! *(Óyese hablar a Don Indalecio y a Don Saturio, que bajan por la escalera.)* ¡Ah! Ya bajan.

## ESCENA VIII

DICHOS; DON SATURIO y DON INDALECIO, por la escalera, y MARUJA, que sale de la cocina.

DOLORES.—¿Qué hay, don Saturio; cómo lo encuentra usted?

SATURIO.—Pues, señora, repito a usted lo que acabo de decir a don Indalecio. Respeto mucho el parecer de mis comprofesores de Madrid, pero, la verdad, yo en ese muchacho no encuentro nada de particular.

MARUJA.—(Este va a descubrirlo todo.)

SATURIO.—Lo he reconocido detenidamente...

INDALECIO.—Muy detenidamente. ¡Le ha dado un sobo, que ya, ya!

SATURIO.—Y aseguro a ustedes que no hay lesión en ningún órgano importante. La temperatura es normal, la lengua no puede estar más limpia.

MARUJA.—(¡Ya lo creo!)

SATURIO.—El estómago está bien; el hígado, lo mismo; el bazo, igual...

INDALECIO.—Y los riñones en su sitio.

SATURIO.—En una palabra, creo que se trata de una afección puramente nerviosa.

DOLORES.—Bien, ¿pero será grave?

SATURIO.—Tal vez.

MARUJA.—(¡Ay, respiro!)

SATURIO.—Estos desequilibrios nerviosos suelen traer funestas consecuencias. Él asegura que siente unas cosas muy raras..., que ha tenido síncopes...

MARUJA.—Sí, señor, sí.

PÍO.—Es verdad

SATURIO.—Afirma que en Madrid le han dado muchos ataques..., y todo esto hace temer que cuando menos se piense, pueda acometerle algún acceso. Estas perturbaciones llevan a veces hasta la locura.

INDALECIO.—¡Canastos!

DOLORES.—¡Dios mío!

PÍO.—¡Pobre Carlos!

SATURIO.—No se alarmen ustedes. Para estos casos está indicada la hidroterapia; sobre todo las duchas. Las duchas son de un efecto maravilloso. Yo confío en poder curarle con eso y con la vida activa del campo, el ejercicio, la caza... y una alimentación moderada y tónica.

INDALECIO.—Eso, eso; buena carne y buen vino.

SATURIO.—No; no conviene fatigar el estómago. Empezaremos con la leche. Pueden ustedes darle toda la que quiera; pero ninguna otra clase de alimento.

DOLORES.—Descuide usted, que así se hará.

SATURIO.—Que tome además un par de cucharadas al día de esta fórmula que he dispuesto. *(Alude a una receta que trae Don Indalecio.)*

DOLORES.—Perfectamente.

SATURIO.—Conque, señores, voy a continuar mi visita.

INDALECIO.—Hasta la tarde, don Saturio.

DOLORES.—Que usted lo pase bien. *(Dándole el sombrero.)*

PÍO—¡Yo también me voy con usted!

SATURIO.—¡Ah! ¡Qué cabeza la mía! Ya me marchaba sin dar a usted *(A Don Indalecio.)* lo que me entregaron ayer en Villarejo. Aquí tiene usted las cuatro mil pesetas del trigo. *(Dándole billetes.)*

INDALECIO.—Muchas gracias.

PÍO.—(Este trigo es el que entusiasma a mi madre.)

SATURIO.—¡Ea, abur!

PÍO.—Ustedes lo pasen bien.

INDALECIO.—Buenos días.

DOLORES.—Vayan ustedes con Dios. *(Vanse por el foro derecha Don Saturio y Pío.)*

## ESCENA IX

DOÑA DOLORES, DON INDALECIO y MARUJA; luego GREGORIA.

INDALECIO.—Estoy muy contento. La opinión de don Saturio me ha tranquilizado.

DOLORES.—Pues a mí no.

MARUJA.—Ni a mí.

INDALECIO.—¿Por qué?

DOLORES.—Ya has visto que no ha dicho una palabra de la operación esa que los médicos de Madrid consideran precisa.

MARUJA.—Ni una palabra.

INDALECIO.—Es verdad.

DOLORES.—Y yo, francamente, si Carlitos no se mejora en unos días, creo que debíamos hacer un sacrificio y enviarlo a París.

MARUJA.—Muy bien pensado.

INDALECIO.—¡A París! Eso cuesta mucho dinero.

MARUJA.—No, tío; Carlos dice que con cuatro mil pesetas tiene bastante.

INDALECIO.—¿Y cómo lo sabe?

MARUJA.—Yo no sé... Él ha dicho...

DOLORES.—Habrá echado sus cuentas.

INDALECIO.—Bueno, bueno; pues si llega el caso, ¿qué le vamos a hacer?... Se le darán las cuatro mil pesetas. Nos figuraremos que se ha perdido la cosecha del trigo.

DOLORES.—Ea, yo me voy a casa de doña Rita, que tiene unas cabras muy hermosas, a ver si puede proporcionarnos la leche que se necesite. ¡Gregoria! *(A Maruja.)* ¡Dame la mantilla! *(Maruja la ayuda a ponérsela.)* ¡Gregoria!

GREGORIA.—*(Saliendo.)* ¿Llamaba usted?

DOLORES.—Sí, vas a ir conmigo a un recado. Trae una jarra grande. *(Vase Gregoria; vuelve enseguida con la jarra. A Don Indalecio.)* Dame esa receta y de paso la dejaré en la botica.

INDALECIO.—No; quiero llevarla yo mismo; necesito encargar una botella de aquel vino de quina que me sentó tan bien hace dos años y que me abrió tanto el apetito.

DOLORES.—¡Pero, hombre!

INDALECIO.—Sí, hija, sí. Con estos disgustos no estoy yo en caja. Esta mañana, con el chocolate no pude concluir el segundo panecillo. Vamos.

DOLORES.—Estáte al cuidado, por si Carlitos llama.

MARUJA.—Vayan ustedes tranquilos. *(Vanse Don Indalecio, Doña Dolores y Gregoria por el foro derecha.)*

## ESCENA X

MARUJA y luego CARLOS.

MARUJA.—Gracias a Dios que me quedo sola. El pobre Carlos debe de estar desfallecido. Voy a subirle unos fiambres. *(Abre la alacena.)* ¡Medio pollo! ¡Magnífico! ¡Jamón cocido! Esto le gustará. A ver si hay más por aquí. ¡Truchas escabechadas! Perfectamente. Tendrá un hambre atroz, por fuerza. Ahora pan y una botella de vino. *(Ha colocado en la mesa todo lo que dice.)*

CARLOS.—*(Que baja mostrando gran debilidad y apoyándose en la barandilla de la escalera.)* ¡Ay! ¡Me flaquean las piernas! ¡Maruja!

MARUJA.—¡Carlos!

CARLOS.—Desde arriba he visto salir a los tíos, y vengo a que me des algo que comer. Ya no puedo más.

MARUJA.—Precisamente iba a subirte todo esto.

CARLOS.—¡Oh, felicidad! ¡Bendita seas, Maruja de mi alma! *(Se sienta y empieza a comer con voracidad.)* ¡Pollo, jamón, truchas! ¡El ideal! Con todo esto soñaba yo esta noche.

MARUJA.—No, con lo que has soñado es con otra cosa.

CARLOS.—¿Con qué ?

MARUJA.—Con el prestamista de Madrid.

CARLOS.—¿Eh?

MARUJA.—La tía te ha oído repetir en sueños varias veces: «¡Zaragüeta!»

CARLOS.—¡Zapateta!

MARUJA.—No. Zaragüeta.

CARLOS.—No; si es que he dicho zapateta como pude decir otra cosa. ¿De manera que lo he descubierto todo?

MARUJA.—No, tranquilízate. He hecho creer a los tíos que Zaragüeta es el apellido del médico de cabecera que te ha estado asistiendo.

CARLOS.—Gracias. ¡Qué prima tan buena... y qué pollo tan rico!

MARUJA.—Come despacio, que vas a atragantarte. Los tíos aún tardarán en volver. Ya estoy al cuidado. *(Va a la puerta del foro derecha.)*

CARLOS.—¿Y qué dicen, qué dicen los tíos? ¿Crees tú que les sacaré el dinero?

MARUJA.—Es muy posible. Los veo en buen camino. *(Volviendo al lado de Carlos.)*

CARLOS.—Con tal de que les veas camino de París...

MARUJA.—¡Valiente trucha!

CARLOS.—No, las truchas luego. Ahora el jamón.

MARUJA.—Si a quien llamaba trucha era a ti

CARLOS.—¡Ah! ¿Y don Saturio? ¿Qué dice el imbécil de don Saturio? Aún estoy resentido del reconocimiento.

MARUJA.—No es tan imbécil como supones; la prueba es que asegura que tú no tienes ninguna enfermedad.

CARLOS.—¿Ha dicho eso? *(Asustado.)*

MARUJA.—Sí; pero no te alarmes. Como no tiene motivos para dudar de esas cosas raras que tú dices que sientes, el buen señor sospecha que padeces una afección nerviosa.

CARLOS.—Eso me conviene... y esto también. La emprenderé con las truchas. *(Maruja vuelve a la puerta del foro para observar.)* Me voy reanimando. ¡Riquísimas! El vinagrillo les da un sabor delicioso.

MARUJA.—¡Ah!

CARLOS.—¡Eh! *(Levantándose.)*

MARUJA.—¿Qué te pasa?

CARLOS.—Creí que venían.

MARUJA.—No, no te asustes. ¡Qué nervioso estás! *(Se sienta Carlos y sigue comiendo.)*

CARLOS.—Naturalmente; ya has oído a don Saturio; ésa es mi enfermedad..., y como te oí decir ¡ah! así, de pronto...

MARUJA.—Si es que me olvidaba de contarte lo que me pasa con Pío.

CARLOS.—¿Qué te pasa?

MARUJA.—Me ha confesado el infeliz que su madre le obliga a dejar la carrera de cura para que me haga el amor y se case conmigo. *(Riéndose.)*

CARLOS.—¡Esa sí que es trucha! ¡Claro! ¡Qué más quisiera ella que una nuera como tú!

MARUJA.—*(Se apoya en el respaldo de la silla que está enfrente de la de Carlos.)* Pues el muchacho no me quiere.

CARLOS.—¡Qué estúpido!

MARUJA.—Y para librarse del compromiso en que le pone su señora madre, ¿qué dirás que me ha propuesto?

CARLOS.—¡Qué sé yo! Alguna tontería.

MARUJA.—Que le diga yo a doña Blasa que no puedo aceptar las relaciones de su hijo porque... porque estoy comprometida contigo... *(Riéndose.)*

CARLOS.—*(Dejando de pronto de comer.)* Oye, oye, pues no me parece ninguna tontería.

MARUJA.—¡Calla, hombre, por Dios!

CARLOS.—¿Qué tendría de particular? *(Levantándose.)* Tú eres joven, yo soy joven también; tu eres bonita, yo no soy feo... Digo, me parece que no soy feo.

MARUJA.—¡Qué has de ser feo!

CARLOS.—Tonto creo que tampoco lo soy; mi figura no es despreciable, y de mi conducta no hablemos.

MARUJA.—¡No! No hablemos de tu conducta.

CARLOS.—Bien, mujer; pero ya sabes que estoy completamente arrepentido, y que de los arrepentidos es el reino de los cielos. ¡Y qué más cielo que esa cara tan remonísima!...

MARUJA.—¡Chico, chico!...

CARLOS.—¡Y esos ojos..., y esa boca..., y este cuerpecito!... *(Ciñéndoselo con el brazo.)* En fin, chica, que Pío no te ha propuesto ningún absurdo.

MARUJA.—Sí, sí; como si fuera yo a creerme todo eso que dices. Con la vida que has llevado, ¡apenas tendrás tú compromisos en Madrid!...

CARLOS.—¿Yo? Te juro que no tengo más compromiso que el de Zaragüeta. De ése, creo que no tendrás celos. *(Sigue abrazando a Maruja.)*

MARUJA.—Vaya, vaya, déjate de tonterías y sigue almorzando. *(Rechazando suavemente a Carlos.)*

CARLOS.—No; ya no puedo más. He comido como un buitre. ¡Qué bien me encuentro ahora! ¡Con el estómago lleno de alimentos y el corazón lleno de ilusiones!

MARUJA.—*(Que ha vuelto a la puerta del foro.)* ¡Ay, allí viene la tía! Recojamos todo eso; que no sepa que has comido nada. *(Entre los dos guardan en la alacena todo lo de la mesa, sobre la cual quedan solamente los dos vasos y la botella con agua, que debe haber desde el comienzo del acto.)*

CARLOS.—Volveré a mi estado de postración. *(Se sienta en el sillón.)*

## ESCENA XI

DICHOS, DOÑA DOLORES y GREGORIA, que coge un vaso de encima de la mesa.

DOLORES—¿Ha ocurrido algo? *(A Maruja, que ha ido al foro.)*

MARUJA.—No, señora. Aquí tiene usted al enfermo.

DOLORES.—¡Hola! ¿Y qué tal te encuentras?

CARLOS.—Muy bien, digo..., así, así... Bien no me encuentro nunca. ¡Ay! *(Suspirando.)*

GREGORIA.—Pues hoy tiene usted mejor cara. Ayer, cuando llegó usted, parecía un difunto.

DOLORES.—(No seas animal.) Dame. *(Cogiendo la jarra.)* Te traigo una leche riquísima. Recién ordeñada. Vas a tomar un vasito. *(Llenándolo de leche.)*

CARLOS.—No, ahora no puedo más.

DOLORES.—¿Eh?

MARUJA.—Se ha empeñado en no tomar nada. Quería yo haberle dado unos bizcochitos con vino...

DOLORES.—No; ya sabes lo que ha dicho don Saturio. Leche y nada más que leche. Toma, toma. *(Obligándole.)*

CARLOS.—Pero encima del vinagre... *(Rechazando el vaso.)*

DOLORES.—¿Qué?

MARUJA.—Se queja de que tiene el estómago como avinagrado.

DOLORES.—Esto te aliviará; necesitas alimentarte. Vamos, hijo, vamos.

MARUJA.—*(A Carlos.)* Bebe, hombre, bebe.

CARLOS—No hay más remedio. *(Bebe en tres sorbos todo el contenido del vaso, mostrando repugnancia. Cuando se detiene al beber, Doña Dolores le anima.)*

DOLORES.—¡Ajajá! Verás qué bien te sienta. Con esto y con el ejercicio te restablecerás pronto. *(Gregoria deja la jarra y el vaso sobre la mesa y vase a la cocina.)*

CARLOS.—No, tía, no; yo necesito ir a París.

DOLORES.—Bueno, si no hay otro remedio, ya irás.

CARLOS.—No hay otro remedio; créame usted.

DOLORES.—Anímate, hombre; y anímale tú, mujer.

CARLOS.—Ya me anima, ya.

MARUJA.—Sí, señora; procuro distraerle.

DOLORES.—Ante todo, lo que necesitas es no amilanarte. Es preciso dominar los nervios. A tu edad las enfermedades, por graves que sean, se curan fácilmente.

CARLOS.—¡Ay! *(Quejándose de veras y llevándose las manos al estómago.)* ¡Las truchas!

DOLORES.—(¡Pobrecillo! Se le ve en la cara el sufrimiento.) *(Aparte a Maruja.)* Indudablemente, don Saturio no sabe lo que tiene este muchacho.

MARUJA.—(No lo sabe, no, señora.) *(Vase Doña Dolores por la primera derecha.)*

## ESCENA XII

DICHOS menos DOÑA DOLORES.

CARLOS. —*(Levantándose.)* ¡Ay, qué malo me siento! ¡Ay!

MARUJA.—Cállate, hombre, no te quejes; si ya se ha marchado la tía.

CARLOS.—No, si es que ahora me quejo de veras.

MARUJA.—¿Eh?

CARLOS.—La leche y el vinagre, lo que me temía. ¡Tengo unos dolores horribles!

MARUJA.—¡Claro! Almorzaste con tal precipitación, que no podía sentarte bien.

CARLOS.—No, si el almuerzo me ha sentado perfectamente; pero ese vasito de leche ha sido una puñalada. ¡Ay, ya vuelven!

MARUJA.—Voy a hacerte una taza de té.

CARLOS.—¡Sí, por Dios, dame algo! *(Vase Maruja a la cocina.)*

## ESCENA XIII

CARLOS, y enseguida DON INDALECIO.

CARLOS.—¡Ay, ay, ay! ¡Hay Providencia! Este es un castigo de Dios. *(Sentándose al lado de la mesa.)*

INDALECIO.—¡Hola! ¿Tú por aquí? ¿Cómo estamos de ánimo?

CARLOS.—Muy mal, tío, muy mal.

INDALECIO.—Esas son aprensiones.

CARLOS.—No, ahora es de veras.

INDALECIO.—Pero, vamos a ver, ¿qué es lo que sientes?

CARLOS.—Pues siento... unos dolores muy fuertes aquí.

INDALECIO.—¿En el estómago?

CARLOS.—Sí, señor.

INDALECIO.—Lo de siempre; debilidad y nada más que debilidad. *(Reparando en la jarra.)* ¡Ah! Ya han traído la leche. Vas a tomar un vasito.

CARLOS.—¡No, por Dios! *(Levantándose.)* Ya me han dado uno.

INDALECIO.—Tomarás otro. Don Saturio dice que tomes toda la que quieras. *(Persiguiéndole con la jarra.)*

CARLOS.—¡Si es que yo no quiero!

INDALECIO.—¡Parece mentira! Una leche tan rica, tan mantecosa... ¡Qué nata tiene! Esto se bebe solo. *(Bebe en la jarra.)*

## ESCENA XIV

DICHOS y DOÑA DOLORES.

DOLORES.—Pero, hombre, ¿te estás bebiendo la leche?

INDALECIO.—Era para animarle, mujer.

DOLORES.—*(Quitándole la jarra, que pone sobre la mesa.)* A lo que debes animarle es a no estarse metido en casa. Le conviene andar, moverse...

INDALECIO.—Tiene razón tu tía. ¿Por qué no vas a dar una vuelta por el pueblo?

CARLOS.—No; me molesta andar hablando con la gente. *(Sigue dando muestras de sentir un fuerte cólico.)*

INDALECIO.—Pues sal por ahí, por el corral *(Primera izquierda.)*, a la orilla del río, y vete hasta el cerro del Orégano.

DOLORES.—El día está muy hermoso. Toma la escopeta, y a ver si te entretienes matando unos pajarillos. *(Dándole la escopeta, el zurrón y la canana.)*

INDALECIO.—Sí, anda, anda. Los pondremos luego con arroz, que están muy ricos.

CARLOS.—¡Sí, señor, sí! Iré hasta el cerro del Orégano. *(Vase corriendo por la primera izquierda.)*

## ESCENA XV

DOÑA DOLORES y DON INDALECIO. Luego MARUJA.

DOLORES.—¿Por qué no vas a acompañarle?

INDALECIO.—Porque ahora tengo que hacer. Voy a subir al palomar.

MARUJA.—Aquí tienes el té. ¡Ah! ¿Y Carlos? ¿Está arriba?

DOLORES.—No; ha ido a dar un paseo. ¿Qué es eso?

MARUJA.—Una taza de té. Como se quejaba del estómago...

DOLORES.—Pues se ha ido; ya no hace falta; llévatela.

INDALECIO.—¡No! ¡Trae acá! ¡Me la tomaré yo!

DOLORES.—¡Indalecio!

INDALECIO.—Esto siempre prepara el estómago. *(Se toma el té.)*

DOLORES.—¡Jesús, qué hombre! Maruja, ve a la habitación de Carlos y arregla aquello.

MARUJA.—Enseguida, sí, señora. *(Vase por la escalera.)*

INDALECIO.—Vaya, voy a dar de comer a mis palomitas.

DOLORES.—¡Con qué mimo las tratas!

INDALECIO.—Ya lo creo. Ayer vi que tenía cuatro pichones preciosos. Con tomate estarán riquísimos. *(Llega hasta la escalera.)*

## ESCENA XVI

DICHOS y DON HERMÓGENES.

HERMÓGENES.—¿Se puede?

INDALECIO.—¿Quién?

DOLORES.—Se me había olvidado decirte que antes había estado a buscarte este señor forastero.

INDALECIO.—Adelante.

DOLORES.—Háblale fuerte.

INDALECIO.—¿Pues qué ha hecho?

DOLORES—Nada, que es muy sordo.

INDALECIO.—¡Ah! ¡Adelante! *(Fuerte.)*

HERMÓGENES.—¿Es usted don Indalecio Ruipérez?

INDALECIO.—Servidor de usted.

HERMÓGENES.—Celebro tanto tener el gusto de conocerle. ¿Cómo está usted? Me alegro mucho. La familia buena, ¿eh? Tengo una verdadera satisfacción...

INDALECIO.—(Pues, señor, él se lo dice todo.) Tome usted asiento.

HERMÓGENES.—¿Cómo?

LOS DOS.—*(Fuerte.)* Que tome usted asiento. *(Ofreciéndole una silla volante que habrá a la derecha del sillón.)*

HERMÓGENES.—¡Ah, gracias! *(Se sientan los tres. Don Indalecio en el sillón, y a su izquierda Doña Dolores.)*

INDALECIO.—(¿Quién será este buen señor?) *(A Doña Dolores.)*

HERMÓGENES.—Ustedes extrañarán mi visita, y voy a explicarles el motivo.

DOLORES.—(Y ahora lo sabremos.) *(A Don Indalecio.)*

HERMÓGENES.—Yo me he visto precisado a salir de Madrid para venir a Salamanca, adonde llegué esta madrugada, porque tengo allí un cuñado bastante enfermo. Por fortuna, se halla ya mejor.

DOLORES.—Nos alegramos.

HERMÓGENES.—¿Cómo?

LOS DOS—Que nos alegramos. *(Fuerte.)*

HERMÓGENES.—¡Ah, gracias! Supe allí que este pueblo estaba a muy corta distancia, y me dije: Aprovecho la oportunidad y me acerco a tener el gusto de saludar a los señores de Ruipérez.

INDALECIO.—(¿Y para qué querra saludarnos?) *(A Doña Dolores.)*

DOLORES.—(Ahora lo sabremos, hombre.)

HERMÓGENES.—¿Eh?

DOLORES.—No, nada.

INDALECIO.—¡Nada! *(Fuerte.)*

HERMÓGENES.—Ayer, antes de salir de Madrid, estuve en casa de su sobrino de ustedes.

DOLORES.—¡Ah! ¿Conoce usted a Carlitos?

HERMÓGENES.—¿Eh?

INDALECIO.—*(Muy fuerte.)* ¡Carlitos!

HERMÓGENES.—Sí. Carlitos, Carlitos. Su patrona me dijo que se había ido en el exprés del Norte. Esto me sorprendió, porque, la verdad, no le creí capaz de marcharse así, sin decirme una palabra. Conmigo estaba obligado a obrar de otra manera.

INDALECIO.—Con usted, ¿por qué?

HERMÓGENES.—*(Sin oírle.)* En esta ocasión, francamente, se ha portado muy mal, pero muy mal.

DOLORES.—Muy mal, ¿por qué razón?

INDALECIO.—¿Quién es usted?

HERMÓGENES.—¿Cómo?

LOS DOS.—¿Que quién es usted? *(Fuerte.)*

HERMÓGENES.—Seguramente no conocerán ustedes mi nombre. Su sobrino no les habrá hablado de mí. Me llamo, para servir a Dios y a ustedes, Hermógenes Zaragüeta.

DOLORES.—¡Cómo! *(Levantándose.)*

INDALECIO.—¿Es usted? *(Levantándose.)*

DOLORES.—¡El médico de Carlos! *(A Don Indalecio.)*

INDALECIO.—¡Señor de Zaragüeta! *(Se levantan los tres. Don Indalecio y Doña Dolores abrazan cariñosamente a Don Hermógenes.)*

DOLORES.—¡Cuánto nos alegramos de verle por aquí!

HERMÓGENES.—¿Cómo? *(Sorprendido.)*

LOS DOS.—¡Que nos alegramos mucho de verle!

HERMÓGENES.—(¡Qué recibimiento tan cariñoso!) ¿Pero... ustedes saben... quién soy yo? *(Con cierta escama.)*

DOLORES.—¡Sí, señor!

INDALECIO.—¡Ya lo creo! *(Haciéndole sentar en el sillón.)*

DOLORES.—Ya sabemos lo mucho que nuestro sobrino debe a usted.

HERMÓGENES.—¿Eh?

INDALECIO.—*(Más fuerte.)* Que sabemos lo mucho que debe a usted nuestro sobrino.

HERMÓGENES.—No mucho, no. *(Se sientan los tres.)*

DOLORES.—Sí, señor, sí. Es indisculpable que haya salido de Madrid sin despedirse de usted.

HERMÓGENES.—¡A mí me sorprendió, porque como él es un muchacho tan delicado!...

DOLORES.—¡Muy delicado!

INDALECIO.—Por eso ha sido una ligereza ponerse en camino sin decírselo a usted...

DOLORES.—Luego le reñiremos los tres.

HERMÓGENES.—¿Cómo luego? Pero ¿está aquí?

INDALECIO.—Sí, señor.

DOLORES.—Llego ayer tarde y ha salido a dar un paseo.

HERMÓGENES.—No lo sabía. Me alegro mucho de que se haya decidido, por fin, a acudir a ustedes. Yo se lo aconsejé varias veces; pero él se resistía, temeroso de darles un disgusto.

DOLORES.—¡Pobrecillo!

INDALECIO.—Nos quiere mucho.

HERMÓGENES.—Pues yo, como la patrona no me dijo adónde se había ido, aproveché mi venida a Salamanca para ver a ustedes y enterarles de la verdadera situación del muchacho, creyendo que la ignoraban.

DOLORES.—¡Ya lo sabemos! *(Muy fuerte.)*

INDALECIO.—Y vamos a ver, con franqueza, ahora que él no nos oye, ¿qué opina usted de Carlos?

HERMÓGENES.—No se alarmen ustedes; en un joven todo eso no tiene importancia. Yo creo que se corregirá.

DOLORES.—¡Dios lo quiera!

HERMÓGENES.—Si conocieran ustedes otros casos que tengo yo en Madrid... Lo de Carlitos no vale nada.

DOLORES.—El médico de aquí dice que es nervioso.

HERMÓGENES.—¿Eh?

INDALECIO.—¡Que es nervioso!

HERMÓGENES.—Muy nervioso, mucho. Ya se lo conocí el primer día que fue a verme. Estaba el pobre chico angustiado, asustadísimo; pero yo le dije: «No hay que afligirse, tenga usted más ánimo; yo le salvaré a usted.» ¡He salvado a tantos!...

DOLORES.—¡Ya lo creo!

HERMÓGENES.—Y si vieran ustedes qué poco me lo agradecen algunos.

DOLORES.—Pues nosotros muchísimo.

INDALECIO.—Y se lo pagaremos como usted se merece.

HERMÓGENES.—Gracias, gracias. (Ya sabía yo que éstos me lo pagarían.)

INDALECIO.—¿De manera que usted no cree que conviene enviar a Carlos a París?

HERMÓGENES.—¿A París? No veo inconveniente; pero, en fin, eso allá ustedes... (¡A mí qué me importa que le envíen adonde quieran!)

INDALECIO.—*(Distraído, hablando muy fuerte a Zaragüeta.)* ¿Te parece que...?

HERMÓGENES.—¿Cómo?

INDALECIO.—Nada, nada. *(En voz natural, a Doña Dolores.)* ¿Te parece que le invitemos a comer?

DOLORES.—(Sí, hombre, es natural.)

INDALECIO.—¿Usted no pensará regresar hoy mismo a Salamanca?

HERMÓGENES.—Sí, señor; quería, si fuera posible, marcharme esta misma tarde.

INDALECIO.—¿Pero tanta prisa tiene usted?

HERMÓGENES.—Prisa materialmente, no; pero...

DOLORES.—Pues nada, se queda usted con nosotros hasta mañana. *(Se levantan los tres.)*

INDALECIO.—¡No faltaba más!

DOLORES.—Verá usted el pueblo y los alrededores, que son preciosos.

INDALECIO.—Y la iglesia, que es bizantina, según dicen.

HERMÓGENES—¿Eh?

LOS DOS.—Bizantina. *(Levantando la voz cada vez más.)*

DOLORES.—¡Y oirá usted el órgano!

INDALECIO.—(¡Qué ha de oír éste!)

HERMÓGENES.—Bueno, bueno: ya que ustedes se empeñan, me quedaré hoy aquí, pero van a permitirme escribir cuatro letras a mi hermana, que me espera esta noche.

INDALECIO.—Sí, señor; pase usted aquí, a mi despacho.

DOLORES.—*(Que ha ido al foro y mira por la puerta.)* ¡Ah! Allí va don Saturio.

INDALECIO.—¡Llámale, llámale!

HERMÓGENES.—¿Eh?

INDALECIO.—Vamos a presentar a usted el médico del pueblo.

HERMÓGENES.—Bueno. *(Encogiéndose de hombros.)*

DOLORES.—¡Don Saturio! ¡Don Saturio!

INDALECIO.—¡Vaya con el señor Zaragüeta! *(Dándole palmaditas cariñosas en la espalda.)*

HERMÓGENES—¡Je, je! *(Don Indalecio va al foro.)* (Pero qué familia tan cariñosa. Si lo sé, pongo algo más crecidos los intereses.)

## ESCENA XVII

DICHOS y DON SATURIO.

SATURIO.—¿Qué es eso? ¿Se ha puesto peor el enfermo?

INDALECIO.—No, señor; le llamamos a usted para presentarle a un compañero.

DOLORES.—El médico de Carlos.

INDALECIO.—El doctor Zaragüeta, que ha venido a Salamanca a ver a un enfermo y nos ha honrado con su visita.

SATURIO.—¡Hombre, qué casualidad! *(Acercándose.)* Tengo tanto gusto...

HERMÓGENES.—Servidor de usted.

INDALECIO.—*(A Doña Dolores.)* (¿Esta arreglado el despacho?)

DOLORES.—No lo sé; voy a verlo.

INDALECIO—(Voy yo también a sacar el papel.) Ea, ahí se quedan ustedes. *(Vanse los dos primera derecha.)*

## ESCENA XVIII

DON SATURIO y DON HERMÓGENES; después DON INDALECIO y DOÑA DOLORES.

SATURIO.—¡Qué casualidad tan feliz verle a usted por acá! *(Le ofrece el sillón, en que se sienta Zaragüeta; Don Saturio, después de esa pausa característica de las visitas, da a Zaragüeta un cigarrillo.)*

HERMÓGENES.—(¡Estas presentaciones me molestan mucho!) ¿Qué me importa a mí el médico del pueblo?)

SATURIO.—(Ahora verá el doctor de la corte si valemos o no valemos los médicos rurales.) ¿Un cigarrillo?

HERMÓGENES.—Gracias.

SATURIO.—Tengo una vivísima satisfacción en haber conocido a usted. Su nombre lo he visto siempre citado con elogio en los periódicos profesionales, y celebro tener ocasión de hablar con usted para decirle mi opinión respecto de la enfermedad de su cliente, y saber si he tenido la honra de coincidir con el diagnóstico que usted haya formado y que yo ignoro completamente.

HERMÓGENES.—(¿De qué me estará hablando este caballero?) *(Echando bocanadas de humo y completamente distraído.)*

SATURIO.—Después de sometido el paciente a un reconocimiento de auscultación y percusión, todo lo minucioso posible, me he convencido de que las vísceras importantes están en completo estado fisiológico; que en ninguna hay lesión apreciable, y que, en mi concepto, la afección radica única y exclusivamente en los centros nerviosos, tanto en el de la vida de relación cuanto el de la vida vegetativa. Se trata, pues, en mi humilde concepto, de una verdadera adinamia nerviosa, una neurastenia, y por consiguiente, todo el plan terapéutico debe encaminarse a establecer el equilibrio entre los dos sistemas. ¿Está usted conforme conmigo?

HERMÓGENES.—¿Eh?

SATURIO.—¿Que si hemos coincidido en el diagnóstico?

HERMÓGENES.—*(Con naturalidad.)* No he entendido una palabra de lo que usted me ha dicho.

SATURIO.—*(Picado.)* Pues creo que me he explicado con claridad. He dicho que se trata de una neurastenia. Ya se sabe lo que es una neurastenia. *(Levantando la voz.)*

HERMÓGENES.—¡Ah! Sí, la tenia. ¿Tiene usted la solitaria? *(Salen Doña Dolores y Don Indalecio.)*

SATURIO.—¿Qué dice este hombre? *(Levantándose.)*

DOLORES.—¿Ha visto usted qué sordo es?

SATURIO.—¿Pero es sordo?

INDALECIO.—Completamente.

SATURIO.—Podían ustedes habérmelo advertido. ¿Conque usted...? *(Indicando el oído.)*

HERMÓGENES.—Sí, señor, sí; de éste, poco, y de éste, nada.

SATURIO.—¡Caramba, hombre, caramba!

HERMÓGENES.—¿Eh?

SATURIO.—*(A gritos y al oído.)* ¡Caramba!

INDALECIO.—*(Fuerte a Don Saturio, creyendo que habla con Zaragüeta.)* Hoy vendrá usted... ¡Ah! Me había equivocado de médico... *(Riéndose.)* Hoy vendrá usted a comer con nosotros. El señor Zaragüeta no se irá del pueblo hasta mañana...

SATURIO.—¡Ah! Entonces ya hablaremos despacio. *(A Zaragüeta.)*

HERMÓGENES.—¿Eh?

SATURIO.—Que ya hablaremos luego. *(Fuerte.)*

HERMÓGENES.—Bueno. (¡Qué charlatán es este médico!) ¿Puedo pasar a escribir esa carta? *(A Doña Dolores.)*

DOLORES.—Cuando usted quiera.

HERMÓGENES.—Con su permiso. *(A Don Saturio.)*

SATURIO Y HERMÓGENES.—*(A un tiempo los dos.)* He tenido tanto gusto...

HERMÓGENES.—Servidor de usted. *(Vanse primera derecha.)*

SATURIO.—Pues yo me marcho. A las doce se come, ¿eh?

INDALECIO—Sí, a las doce en punto.

SATURIO.—No faltaré. Verán ustedes cómo el doctor Zaragüeta está conforme conmigo respecto a la enfermedad de Carlitos: nervioso, y nada más que nervioso; duchas, y nada más que duchas. *(Vase por el foro.)*

## ESCENA XIX

DOÑA DOLORES, DON INDALECIO y luego MARUJA.

INDALECIO.—Vaya, vaya, Dolores, a preparar al momento la comida. Es necesario que sea un verdadero banquete. Se trata de un hombre que estará acostumbrado a comer muy bien en Madrid.

DOLORES.—Y se trata de ti, que siempre estás dispuesto para ello.

INDALECIO.—No te digo que no. *(Maruja baja la escalera.)*

DOLORES.—¡Ah! Maruja, di a Gregoria que vaya a escape a la carnicería por una pierna de carnero y que descuelgue uno de los jamones que hay en la despensa.

MARUJA.—¿Pues?...

INDALECIO.—Tenemos un huésped de importancia.

MARUJA.—¿Un huésped? ¿Quién?

DOLORES.—El que menos puedes figurarte. El médico de Carlos.

MARUJA.—¿Don Saturio?

DOLORES.—No; el de Madrid.

INDALECIO.—Con el que soñaba anoche.

DOLORES.—El doctor Zaragüeta.

MARUJA.—¡No es posible!

DOLORES.—Sí, ha llegado hace un momento. Ahí está en el despacho, escribiendo una carta.

MARUJA.—(¡Ay, Dios mío!) *(Asustadísima.)*

INDALECIO.—Un señor muy simpático. *(Abre la puerta de la bodega.)*

DOLORES.—Lástima que sea tan sordo.

MARUJA.—(¡Es él!) ¿Pero a qué ha venido?

DOLORES.—Tranquilízate; sólo viene a tener el gusto de conocernos.

MARUJA.—(¡No saben nada!) ¿Y Carlos? ¿Le ha visto ya?

DOLORES.—No; todavía no ha vuelto de paseo.

INDALECIO.—Dolores, vamos a la bodega.

DOLORES.—¿Para qué?

INDALECIO.—Para abrir el barril del vino de la Nava.

DOLORES.—Que baje Perico.

INDALECIO.—Es muy torpe. Acuérdate de lo que pasó con aquel vino del priorato. Dejó abierta la espita y se perdió casi la mitad. Lo embotellaremos nosotros; anda, anda.

DOLORES.—Bueno. Tú, saca los cubiertos de plata y que limpie la vajilla buena. *(A Maruja.)*

MARUJA.—Sí, señora.

INDALECIO.—*(Que ha bajado ya dos escalones.)* Los vinos buenos son para las ocasiones, y este de la Nava debe ser riquísimo. Tiene cincuenta y cuatro años, tu edad. ¡Figúrate si estará añejo!

DOLORES.—Anda, hombre, anda.

INDALECIO.—Haz el favor de no caerte. *(Bajan a la bodega.)*

## ESCENA XX

MARUJA, y luego CARLOS.

MARUJA.—¡Pobre Carlos! ¡Qué conflicto cuando los tíos lleguen a enterarse! Yo no sé qué hacer.

INDALECIO.—*(Desde abajo.)* ¡Maruja!

MARUJA.—*(Asomándose a la trampa en cuclillas.)* Mande usted.

INDALECIO.—Haz un plato de dulce: natillas, huevos moles, un flan, lo que tú quieras.

MARUJA.—Está bien, tío. ¡Para platitos de dulce estoy yo ahora! Y dicen que ese señor está aquí. *(Mirando por la cerradura de la primera derecha.)* Sí, allí está escribiendo. ¡Qué escribirá, Dios mío!

CARLOS.—*(Por la primera izquierda.)* ¿Qué es eso, qué miras?

MARUJA.—¡Ay, Carlos! ¡Ven acá, por Dios!

CARLOS.—¿Qué pasa?

MARUJA.—Mira quién está ahí dentro.

CARLOS.—¿Quién? *(Dejando la escopeta, el zurrón y la canana sobre el arcón.)*

MARUJA.—Mira y lo verás.

CARLOS.—*(Después de mirar.)* ¡Za... Za... Zaragüeta! *(Separándose de la puerta aterrado.)*

MARUJA.—¡El mismo!

CARLOS.—¡Ese hombre aquí! Pero ¿cuándo ha venido?

MARUJA.—Hace un momento.

CARLOS.—¿Le han visto los tíos?

MARUJA.—Sí.

CARLOS.—¡Se ha descubierto todo!

MARUJA.—Por fortuna, todavía no. Como yo les había dicho que ese señor era tu médico, por médico le han tomado, y sin duda para el error nos ha servido su sordera.

CARLOS.—¿Pero estás bien segura de que los tíos no sospechan nada?

MARUJA.—Nada. Si hasta le han convidado a comer. Abajo están en la bodega, embotellando vino para obsequiarle. *(Toda esta escena debe hacerse rapidísima.)*

CARLOS.—¡Ay, Maruja de mi alma! Estoy perdido. ¿Qué hago?

MARUJA.—No sé qué aconsejarte.

CARLOS.—Mi único recurso es la fuga. Me marcho, me marcho ahora mismo.

MARUJA.—Pero ¿adónde?

CARLOS.—No lo sé. A Madrid, a cualquier parte. Desde allí escribiré a los tíos diciéndoles toda la verdad, pidiéndoles perdón, y si me lo conceden, volveré, y si no, adiós para siempre, prima de mi alma. *(Con cariño.)*

MARUJA.—¡Carlos!

CARLOS.—No hay otro remedio; adiós, adiós *(Desde el foro.)* Pero ¿adónde voy yo, si no tengo un céntimo? *(Deteniéndose.)*

MARUJA.—Por eso no lo dejes. Te daré lo que guardo en la hucha.

CARLOS.—Yo no sé si debo...; pero sí debo. Dame lo que tú quieras.

MARUJA.—Todo.

CARLOS.—No, todo no. Con veinte duros tengo bastante.

MARUJA.—Voy a escape a arriba. *(Vase corriendo por la escalera.)*

## ESCENA XXI

CARLOS, luego DON HERMÓGENES; después PERICO, GREGORIA y PÍO.

CARLOS.—¡Y que haya venido ese hombre a destruir todos mis proyectos! Verme obligado a marchar así... ¿Y por qué he de marcharme? El es quien debe irse. Yo haré que salga del pueblo inmediatamente. Los tíos están abajo; ésta es la ocasión. *(Cierra la trampa de la bodega.)* Aquí te quiero, escopeta. *(Coge la escopeta.)* Está descargada; pero el susto se lo doy. No hay tiempo que perder. *(Acercándose a la puerta primera derecha.)* ¡Ah! Ya sale. *(Prepara la escopeta.)*

HERMÓGENES.—*(Por la primera derecha, pegando el sello en el sobre de la carta.)* ¡Qué señores tan apreciables! ¡Hasta me tenían preparado el sello!

CARLOS.—¡Lárguese usted inmediatamente! *(Apuntándole con la escopeta.)*

HERMÓGENES.—*(Asustado.)* ¡Carlos! ¡Carlitos!

CARLOS.—*(Apuntándole.)* O se va usted o le mato.

HERMÓGENES.—¡Favor! ¡Socorro! *(Retrocediendo de espaldas hasta quedar como pegado a la pared entre la puerta del despacho y la leñera.)*

CARLOS.—¡Márchese usted!

HERMÓGENES.—¡Que me matan! *(Aparece Pío en el foro y Perico y Gregoria por la puerta de la cocina. Don Hermógenes entra rápidamente por la primera derecha, cerrándola luego.)*

GREGORIA.—¡María Santísima!

PERICO.—Señorito, ¿qué hace usted?

PÍO.—¡Sujetadle, sujetadle! ¡Se ha vuelto loco! Ya lo temía don Saturio. *(Perico y Pío sujetan por los brazos a Carlos, que se resiste.)*

CARLOS.—¡Dejadme, dejadme! ¡Ese hombre es un bribón!

PÍO.—¡Loco rematado!

PERICO.—¡Señorito, por Dios!

CARLOS.—¡Dejadme, dejadme!

PÍO.—¡Encerradle, encerradle! *(Todo esto casi a un tiempo y rapidísimo.)*

PERICO.—¿Dónde?

GREGORIA.—Aquí. En la leñera. *(Abriendo la puerta de la leñera. Ayuda a Perico y Pío, y entre todos le obligan a entrar en la leñera y cierran la puerta.)*

PÍO Y GREGORIA.—¡Adentro!

PÍO.—¡Loco! ¡Loco rematado!

## ESCENA XXII

DICHOS, menos CARLOS y DON HERMÓGENES. Después DOÑA DOLORES y DON INDALECIO, por la cueva; luego MARUJA.

PERICO.—Ya está bien seguro. *(Echando la llave de la puerta.)*

PÍO.—¡Qué desgracia, Dios mío!

GREGORIA.—¡Qué susto me ha dado!

CARLOS.—*(Dentro.)* ¡Abrid, abrid! *(Golpes en la trampa. Los tres que están sobre ella se asustan y dan un salto.)*

LOS TRES.—¡Ay!

INDALECIO.—*(Abajo.)* ¡Gregoria!

DOLORES.—*(Idem.)* ¡Perico!

GREGORIA.—¡Los señores!

LOS DOS.—¡Abrid, abrid! *(Perico alza la trampa y suben los dos precipitadamente.)*

DOLORES.—¿Quién ha cerrado aquí?

INDALECIO.—¿Qué sucede?

DOLORES.—¿Qué voces son ésas?

MARUJA.—*(Que baja por la escalera.)* (¡Qué habrá pasado, Dios mío!)

PERICO.—¡Ay, señor!

GREGORIA.—¡Ay, señora!

PÍO.—¡Ay, don Indalecio! ¡Ay, doña Dolores!

INDALECIO.—Pero ¿qué ocurre?

CARLOS—*(Dentro)* ¡Abrid esta puerta!

DOLORES.—¿Carlos ahí?

PÍO.—¡Le hemos encerrado!

INDALECIO.—¿Por qué?

PÍO.—¡Se ha vuelto loco!

MARUJA, DOLORES E INDALECIO.—¡Eh!

PÍO.—Ha querido pegar un tiro a ese señor forastero.

INDALECIO Y DOLORES.—¡Jesús!

MARUJA.—(¡Qué atrocidad!)

PÍO.—Le dio el acceso; lo que anunciaba don Saturio.

CARLOS.—*(Dentro.)* ¡Mentira! ¡No estoy loco! ¡El señor de Zaragüeta es un pillo!

DOLORES.—¡Dios mío! ¡Decir que es un pillo ese señor tan bueno!

INDALECIO.—No hay duda. Se ha vuelto loco.

DOLORES.—¿Dónde está ese caballero?

PÍO.—Así se entró en el despacho.

INDALECIO.—Señor de Zaragüeta. *(Llamando.)*

DOLORES.—Salga usted. Ya no hay miedo.

INDALECIO.—Se ha encerrado por dentro.

PÍO.—Si estaba asustadísimo.

DOLORES.—Y no contesta.

INDALECIO.—¡Claro! ¡Qué nos ha de oír! Déjale; ya saldrá.

DOLORES.—¡Es que hace falta un médico!

PÍO.—Llamar a don Saturio.

INDALECIO.—Voy a escape a su casa. *(Vase corriendo por el foro.)*

PÍO.—Yo voy a la botica por si está allí. *(Idem.)*

CARLOS.—*(Dentro.)* ¡Abrid o echo la puerta abajo!

DOLORES.—*(Asustada.)* ¡Ay, Dios mío! *(Separándose de la puerta.)*

PERICO.—No tenga usted miedo, que la puerta es muy fuerte. *(Vase foro derecha.)*

DOLORES.—¡Virgen Santísima, qué desgracia tan grande! ¡Pobre sobrino mío!

MARUJA.—Está usted muy impresionada, tía. Gregoria, hazle un poco de tila. Ande usted a tomarla. *(Empujándola suavemente hacia la cocina.)* Yo me quedo aquí. *(En voz muy fuerte, para que lo oiga Carlos.)*

GREGORIA.—Vamos, señora, no se aflija usted tanto.

DOLORES.—¡Pobre Carlitos! *(Vase con Gregoria a la cocina.)* ¡Pobre sobrino mío!

MARUJA.—¡Tila, tila! *(Cierra la puerta de la cocina.)*

## ESCENA XXIII

MARUJA; luego CARLOS.

MARUJA.—Tiene que marcharse, no hay más remedio. *(Abre la puerta, que deja completamente abierta.)*

CARLOS.—¡Ay, Maruja de mi alma!

MARUJA.—Pero ¿qué has hecho?

CARLOS.—¡Una atrocidad! Quise asustarle... Me voy, me voy, ahora mismo.

MARUJA.—Toma el dinero. Tres mil doscientos reales.

CARLOS.—¿Todo? ¡Qué buena eres! Gracias, muchas gracias. *(Besándole la mano.)* Adiós, adiós, Maruja. Voy a ver si alcanzo el primer tren.

MARUJA.—¿Pero te dejas arriba la maleta?

CARLOS.—Déjame de maletas. Tírame el gabán... y un beso siquiera desde la ventana. *(Vase Maruja corriendo por la escalera y Carlos por el foro derecha.)*

## ESCENA XXIV

DON HERMÓGENES; luego CARLOS.

HERMÓGENES.—*(Abriendo sigilosamente la puerta.)* Creo que no hay nadie; al menos yo no oigo nada. La sordera tiene a veces sus inconvenientes. No, no hay nadie. Me largo. Esto ha sido una encerrona. *(Vase por el foro y vuelve inmediatamente.)* ¡Huy! ¡Carlos otra vez! ¡Me ha visto! ¡Me va a matar! ¡Dios me valga! *(Se mete en la leñera y cierra.)*

CARLOS.—¡Oiga usted! ¡Oiga usted! ¡Ah! ¿Te has metido ahí? Pues ahí te quedas *(Echando la llave y guardándosela.)* Ya me voy más tranquilo. *(Llega al foro. Óyese hablar a Don Indalecio y Don Saturio. Volviendo a entrar.)* ¡Dios mío! ¡Mi tío y don Saturio! ¿Qué hago yo? Saldré por el corralillo *(Dirigiéndose a la primera puerta izquierda.)*

DOLORES.—Déjame en paz; no quiero nada *(Dentro de la cocina.)*

CARLOS.—¡Mi tía! Que no me vea. *(Retrocede y entra por la primera derecha, que cierra.)*

## ESCENA XXV

GREGORIA y DOÑA DOLORES, por la cocina. DON INDALECIO, DON SATURIO y PÍO, por el foro derecha.

GREGORIA.—Pero señora...

DOLORES.—No tengo más que ganas de llorar.

SATURIO.—*(Presentándose seguido de Don Indalecio y de Pío.)* Calma. mucha calma.

DOLORES.—¡Ay, don Saturio!...

SATURIO.—Tranquilícense ustedes; esto ya me lo temía yo; pero para todo hay remedio. Carlos está en la leñera, ¿eh?

DOLORES.—Sí, señor.

SATURIO.—Pues abriremos... *(Acercándose.)*

PÍO.—Tenga usted cuidado, que estaba furioso.

SATURIO.—A mí me respetará.

PÍO.—Pero es que tiene la escopeta...

SATURIO.—¡Ah, eso ya varía! *(Deteniéndose.)*

DOLORES.—¡Si ha querido pegar un tiro a su médico! *(Don Saturio retrocede.)*

SATURIO.—¿Y le da por los médicos? Entonces tengamos precaución; yo no me fío de los locos, sobre todo cuando tienen escopeta. ¿Dónde está el doctor?

DOLORES.—Ahí se metió, en el despacho. *(Después de querer abrir.)* Sigue encerrado.

SATURIO.—Llámele usted. Necesito consultarle...

DOLORES.—*(Muy fuerte.)* ¡Señor de Zaragüeta! ¡Señor de Zaragüeta!

INDALECIO.—¡Sí, sí, a la otra puerta!

SATURIO.—¿A cuál?

INDALECIO.—Digo que no oirá; como es tan sordo...

SATURIO.—Cierto. Pues nada, yo creo que aprobará mi plan. ¿Qué hace Perico? Dile que traiga pronto lo que he dicho. *(A Gregoria, que se va por el foro derecha.)*

PÍO.—Ahora me parece que está tranquilo, no se le oye. ¡Carlos!

DOLORES.—¡Carlitos! *(Junto a la leñera.)*

INDALECIO.—¿Si se habrá muerto?

SATURIO.—No. Un síncope, sin duda. No hay tiempo que perder. ¡Ah! ¡Ya están aquí!

## ESCENA XXVI

DICHOS. GREGORIA, con un gran balde lleno de agua, y PERICO, con la bomba y manga de riego y la escalera de mano.

DOLORES.—Pero ¿qué va usted a hacer? *(Asustada.)*

SATURIO.—La hidroterapia, señora; aplicarle una ducha. Eso le calmará.

DOLORES.—¿Y si se ha desmayado?

SATURIO.—Le hará volver en sí. *(Han colocado el balde cerca de la puer-*

*ta.)* A ver, aquí esa escalera. *(La apoya sobre el montante de la leñera)* ¿El agua está bastante fría? *(Mete las manos.)* Sí.

DOLORES.—Pero don Saturio...

INDALECIO.—Déjale, que él sabe lo que se hace. *(Bebe de la jarra de leche cuando no le miran.)*

SATURIO.—El aparato no es muy a propósito; pero, en fin, como no hay otro... Dame la manga. *(Empezando a subir por la escalera. Deteniéndose y bajando.)* (No, que tiene la escopeta.) Perico, toma esto, sube tú. Pío, dale a la bomba. *(A Perico.)* Anda, asómate con cuidado por el montante. ¿Lo ves?

PERICO.—*(Que ha subido.)* Allí, entre la leña, se ve un bulto.

SATURIO.—Pues apúntale bien. *(A Pío.)* Y tú, fuerte. *(A Perico.)* Y tú, duro y a la cabeza. *(Ruido de agua.)*

HERMÓGENES.—*(Gritando dentro muy fuerte.)* ¡Ay! ¡Ay!

SATURIO.—Ya ha vuelto en sí. ¡Firme, firme!

HERMÓGENES.—*(Dentro.)* ¡Ay! ¡Ay!

## ESCENA XXVII

DICHOS, MARUJA. Luego CARLOS.

MARUJA.—¿Pero qué es esto?

CARLOS.—*(Saliendo.)* ¡Ea, basta ya! *(Sorpresa de todos. Cuadro plástico.)*

SATURIO.—¡Carlos!

DOLORES E INDALECIO.—¡Tú!

PÍO.—¡Él!

SATURIO.—Pero ¿quién está aquí?

CARLOS.—El pillo del señor Zaragüeta. Le he encerrado yo. Ahí va la llave. *(Don Saturio la coge y abre.)*

DOLORES.—¡Pero Carlos!

INDALECIO.—¡Pero Carlitos!

## ESCENA XXVIII

DICHOS y DON HERMÓGENES, por la leñera.

SATURIO.—*(A Don Hermógenes, que sale.)* Perdone usted la equivocación.

HERMÓGENES—*(Saliendo completamente empapado y vertiendo en la escena todo el agua que haya podido recoger en el sombrero.)* Esto es una burla indigna. Vengan al momento mis tres mil pesetas. *(Tiritando de frío.)*

INDALECIO.—¿Cómo?

DOLORES.—¿Eh?

CARLOS.—Sí, tío, sí. Este señor no es lo que ustedes creen; ha venido aquí solamente porque yo le debo esa cantidad.

INDALECIO.—*(A Carlos.)* ¡Tres mil pesetas de asistencia facultativa! *(En voz muy alta a Zaragüeta.)* ¿Tres mil pesetas?

HERMÓGENES.—Sí, señor: tres mil, tres mil.

SATURIO.—¡Bonita cuenta! *(A Don Indalecio.)*

INDALECIO.—¡Qué escándalo!

HERMÓGENES.—Ea, venga enseguida ese dinero, o le llevo a los tribunales.

INDALECIO.—¿A los tribunales este pobre muchacho? Tome usted, tome usted su dinero... y vaya usted mucho con Dios. *(Se lo entrega en billetes.)*

HERMÓGENES.—*(Sacando los pagarés.)* Aquí están los justificantes...

CARLOS.—*(Arrebatándoselos.)* Traiga usted acá. Estos son papeles mojados. *(Los rompe y los tira al balde.)*

HERMÓGENES.—Está perfectamente. Queden ustedes con Dios. *(Vase corriendo.)*

INDALECIO.—¡Vaya usted enhoramala!... No lo ha oído. *(Corriendo al foro y muy fuerte.)* ¡Vaya usted enhoramala!

SATURIO.—¡Tres mil pesetas de honorarios! ¡Así se enriquecen algunos médicos de Madrid!

CARLOS.—¡Ay, tío; ay, tía! Ya me encuentro bien. ¡Mi enfermedad era.. ese médico! *(Abrazándoles.)*

DOLORES.—Sin embargo, te mandaremos a París.

CARLOS.—No, ahora me quedo con ustedes. Ya iré allá cuando me manden a pasar la luna de miel con Maruja.

DOLORES E INDALECIO.—¿Qué dices? *(Con alegría.)*

CARLOS.—Si ella quiere...

MARUJA.—Yo contestaré cuando me convenza de que estás completamente bueno. *(Con intención.)*

INDALECIO.—¡Anda con ella! *(A Carlos.)*

PÍO.—¡Ay, qué peso se me ha quitado de encima! Le diré a mi madre que os casáis, y ya estoy libre.

CARLOS.—Tú nos echarás las bendiciones.

PÍO.—Con mucho gusto.

DOLORES.—No salgo de mi asombro ¡Vaya un chasco que nos ha dado el doctor Zaragüeta!...

INDALECIO.—¡Y le convidábamos a comer!... En castigo, yo me comeré su ración. ¡Que pongan la mesa! *(Al público.)*

Pero, antes, justo es que arrostre
el riesgo siempre temido.
Público, sólo te pido
que no me des un mal postre. *(Telón.)*

# EL SEÑOR GOBERNADOR

## COMEDIA EN DOS ACTOS Y EN PROSA

## A Felipe Ducazcal

*En la política lid,*
*y más valiente que el Cid,*
*tú vencerás, de seguro,*
*y en ti vemos un futuro*
*Gobernador de Madrid.*
*Si tal llega a sucederte*
*y ese alto puesto de honor*
*la suerte llega a ofrecerte,*
*¡Dios te dé la misma suerte*
*que a nuestro* GOBERNADOR!

*Miguel y Vital.*

## PERSONAJES

DOÑA VICENTA.
ANGUSTIAS.
DON JUAN.
ÁLVARO.
SEÑOR GONZÁLEZ.
GUARDIA 1.°
DON BENIGNO.
SASTRE.
EMPLEADO 1.°
EMPLEADO 2.°
PORTERO.
GUARDIA 2.°
EMPLEADO 3.°
EMPLEADO 4.°
EMPLEADO 5.°
EMPLEADO 6.°
ORDENANZA.

# ACTO PRIMERO

Comedor modestísimo. Puerta al foro y laterales. Al foro derecha mesita con platos, vasos, etc. Foro izquierda, cómoda. A la izquierda, mesa de comedor. A la derecha, brasero con alambrera. Junto a éste un velador. Sillas, etc. Por derecha e izquierda, entiéndase las del actor.

## ESCENA PRIMERA

Al levantarse el telón se sienten dos fuertes campanillazos. Al segundo se asoma DON JUAN por la primera puerta derecha. Luego ANGUSTIAS por la segunda izquierda.

DON JUAN.—¡Angustias! ¡Angustias!

ANGUSTIAS.—Allá voy, papá, allá voy. *(Dentro.)*

DON JUAN.—Han llamado, sal a ver quién es. *(Sale Angustias y se oye otro campanillazo.)*

ANGUSTIAS.—Cuando llaman de esa manera, de seguro es algún acreedor.

DON JUAN.—De seguro. ¡Y sin tu madre aquí para que nos defienda!

ANGUSTIAS.—¿Qué hacemos?

DON JUAN.—Mira quién es por el ventanillo y di que no hay nadie en casa. *(Otro campanillazo.)*

ANGUSTIAS.—¡Ay, Dios mío! ¡Cuándo saldremos de esta situación! *(Vase por el foro.)*

DON JUAN.—Al paso que vamos me parece que nunca. Mi cesantía va teniendo ya carácter crónico.

ANGUSTIAS.—*(Dentro.)* No, señor; no está.

VOZ.—*(Dentro.)* Todos los días me dice usted lo mismo. Ya estoy harto de ir y venir.

DON JUAN.—¡La voz del zapatero! *(Con terror y voz apagadísima.)*

VOZ.—*(Dentro.)* Pues dígales usted que o me pagan mañana toda la cuenta, o les cito a juicio por tramposos.

ANGUSTIAS.—Está bien; yo se lo diré. *(Dentro.)*

VOZ.—Y dígales usted además, que ésto es ya no tener vergüenza. *(Dentro.)*

DON JUAN.—Tiene razón. Le debemos ocho pares de botas.

ANGUSTIAS.—*(Entrando.)* Papá, era el zapatero.

DON JUAN.—Lo sé; le he oído.

ANGUSTIAS.—¡Ay! ¡Qué vergüenza me dan estas cosas!

DON JUAN.—Y a mí. Y dice ese hombre que no tenemos vergüenza. Lo que no tenemos es dinero...

ANGUSTIAS.—Quisiera ser como mamá, que no se apura por nada.

DON JUAN.—Caracteres como el de tu madre se encuentran muy pocos. Es mujer de grandes recursos. Con decirte que hoy mismo se ha ido a la compra sin llevar un céntimo... Pero ella traerá algo, de seguro.

ANGUSTIAS.—¡Qué ganas tengo de que te coloquen!

DON JUAN.—Eso va para largo. *(Se sienta al brasero.)* Y si al menos te colocaras tú con una buena proporción; pero ¡quiá! Siempre has tenido desgracia para los novios. Primero aquel violín que tocaba en el café del Desengaño.

ANGUSTIAS.—¡Qué guapo era!

DON JUAN.—¡Un pillo de tomo y lomo! Después aquel estudiantillo de Derecho.

ANGUSTIAS.—¡También era muy guapo!

DON JUAN.—¡Un granuja de siete suelas! Y ahora...

ANGUSTIAS.—Ahora no tengo novio, papá.

DON JUAN.—Sí que lo tienes. ¿Piensas que para tu madre y para mí ha pasado inadvertido el interés con que el pintor te da esas lecciones de dibujo?

ANGUSTIAS.—¿Interés, y no nos cobra nada?

DON JUAN.—Precisamente por eso, porque te da las lecciones gratis... *et amore.*

ANGUSTIAS.—¡Papá!

DON JUAN.—¡No te ruborices! Después de todo, eso es muy natural. Yo empece mis relaciones con tu madre dándole lecciones de guitarra. Entonces estaba muy en uso.

ANGUSTIAS.—Pues bien; sí. ¿Para qué ocultarlo? Álvaro me quiere y yo le quiero también. Éste sí que es guapo, ¿verdad, papá?

DON JUAN.—No es feo.

ANGUSTIAS.—Y con un gran porvenir.

DON JUAN.—Pero con un presente tan desdichado como el nuestro.

ANGUSTIAS.—Porque el arte está perdido. Ya oyes lo que él dice.

DON JUAN.—Sí, eso lo está diciendo siempre; pero razón de más para que no me satisfagan esas relaciones. Porque, vamos a ver. ¿Qué te espera casándote con ese muchacho? *(Levantándose.)*

ANGUSTIAS.—Y no casándome con él, ¿qué me espera, papá?

DON JUAN.—Dices bien. ¡Quién sabe la suerte que le está reservada!

ANGUSTIAS.—Tal vez un primer premio en la primera Exposición que se celebre. Él está decidido a presentar algo. Duda entre los tres bocetos que nos enseñó el otro día.

DON JUAN.—¡Ah! ¡Sí! *Las bodas de Camacho*, *La cena de los Apóstoles* y *El festín de Baltasar*. Se conoce que tu novio no encuentra inspiración más que en las comidas.

ANGUSTIAS.—Pues no será por lo mucho que come.

DON JUAN.—Tal vez por eso.

ANGUSTIAS.—Precisamente ayer se quejaba conmigo del almuerzo que siempre le da la patrona: un huevo frito y una ensalada de lechuga.

DON JUAN.—¡Infeliz! ¡Huevos fritos y lechuga! Por eso en sus cuadros abusa tanto del amarillo y del verde.

## ESCENA II

DICHOS, DOÑA VICENTA, con manto y pañolón de invierno, debajo del que trae un talego o pañuelo grande con lo que marcará el diálogo.

DOÑA VICENTA.—Aquí me tenéis ya de vuelta.

ANGUSTIAS.—¡Ah, mamá!

DOÑA VICENTA.—¿Ha ocurrido algo? ¿Ha venido alguien?

DON JUAN.—Sí, hija, sí. Ha venido el zapatero.

DOÑA VICENTA.—Ya lo sé.

DON JUAN.—¿Lo sabes?

DOÑA VICENTA.—Al entrar me he encontrado con él.

DON JUAN.—¡Dios mío! ¡Te habrá armado un escándalo!

DOÑA VICENTA.—¿A mí? Parece que no me conoces. En el primer descansillo de la escalera me ha tomado medida para un par de zapatos de charol.

DON JUAN.—¿Es posible?

DOÑA VICENTA.—Y se ha marchado convencidísimo de que le pagaremos el día menos pensado.

DON JUAN.—El día menos pensado tendrá que ser. ¡Qué mujer ésta! ¡No hay dinero con qué pagarte!

DOÑA VICENTA.—Ni con qué pagar a los demás.

ANGUSTIAS.—Lo que es mamá, tiene un talento para estas cosas...

DOÑA VICENTA.—¿Que si lo tengo? ¡Vamos a ver! ¿Cuánto debemos al tendero de la esquina?

DON JUAN.—¡Qué sé yo! ¡Una barbaridad!

DOÑA VICENTA.—Pues aquí tenéis. *(Sacándolo del talego y colocándolo sobre la mesa del comedor.)* Un kilo de arroz, medio de azúcar, un paquete de café, dos libras de chocolate, seis chorizos, medio queso manchego, dos latas de sardinas y un bote de pimientos de la Rioja.

DON JUAN.—¡Estoy admirado!

DOÑA VICENTA.—¿Cuánto le debemos al carnicero?

DON JUAN.—¡Tampoco lo sé! ¡Siete u ocho vacas!

DOÑA VICENTA.—Pues aquí tenéis cuatro chuletas de ternera y dos libras de solomillo.

DON JUAN.—¡Solomillo! ¡No vuelvo de mi asombro!

DOÑA VICENTA.—Ya tenemos segura la comida para unos cuantos días. Anda, anda, coge esa carne y llévatela allá dentro. *(A Angustias.)*

ANGUSTIAS.—(¡Con qué gusto se comería Álvaro una de estas chuletas!) *(Vase por la segunda puerta izquierda.)*

## ESCENA III

DOÑA VICENTA y DON JUAN.

DON JUAN.—No, no te quites la mantilla.

DOÑA VICENTA.—¿Pues?

DON JUAN.—Es necesario que salgas otra vez.

DOÑA VICENTA.—¿A dónde?

DON JUAN.—Tú tienes un carácter envidiable, pero una memoria muy desdichada.

DOÑA VICENTA.—¿Eh?

DON JUAN.—¿Qué fecha es mañana?

DOÑA VICENTA.—Treinta. ¡Ah, vamos! ¿Quieres recordarme que vendrá el casero?

DON JUAN.—¡No! ¡Vendrá otro más temible!

DOÑA VICENTA.—¿Más temible que el casero? ¿Quién?

DON JUAN.—¡Don Aquilino!

DOÑA VICENTA.—Es verdad. ¿Vence mañana el pagaré?

DON JUAN.—Mañana vence.

DOÑA VICENTA.—¿Y qué vamos a hacer?

DON JUAN.—No nos queda más que un recurso.

DOÑA VICENTA.—¿Cuál?

DON JUAN.—Que vayas a ver a ese señor, y que con tu habilidad y tu diplomacia logres aplacarle.

DOÑA VICENTA.—¡No, hijo, no! *(Acaba de quitarse la mantilla.)* Mándame convencer al panadero, al carbonero, al tendero y hasta al casero, pero lo que es al usurero... a ése no se le convence más que con dinero.

DON JUAN.—Entonces...

DOÑA VICENTA.—¡Ve tú!

DON JUAN.—¿Pero qué le digo?

DOÑA VICENTA.—¡La verdad! Que estás esperando que te coloquen de un momento a otro. ¿No te dijo el señor de Urrutia que te ha recomendado eficazmente al ministro?

DON JUAN.—Sí, señor; y que el ministro le contestó que haría por mí todo lo que pudiera, que estuviese tranquilo, que muy pronto me mandaría una credencial.

DOÑA VICENTA.—Pues ya ves. ¡No sé por qué te apuras, cuando hasta el señor ministro dice que debes estar tranquilo!

DON JUAN.—Porque yo no me hago las ilusiones que tú. ¡Cuántas veces hemos tenido un empleo en la mano y se nos ha escapado por arte del demonio!

DOÑA VICENTA.—Es que otras veces no te recomendaron personas tan influyentes como el señor Urrutia.

DON JUAN.—¡Eso sí! Influyente sí que lo es. Figúrate que al portero de su casa, que es un ignorante, lo ha metido en la Cárcel Modelo...

DOÑA VICENTA.—¡Pues vaya una protección!

DON JUAN.—Con un destino de ocho mil reales.

DOÑA VICENTA.—¡Ah!

DON JUAN.—Y si eso hizo por un simple portero, me parece que tratándose de una persona como yo, un funcionario antiguo...

DOÑA VICENTA.—Antiguo sí que lo eres.

DON JUAN.—Veinte años de servicio.

DOÑA VICENTA.—Por eso debes confiar en su palabra.

DON JUAN.—El señor Urrutia me dijo anteayer en la estación al despedirse para Barcelona: «Amigo Gónzalez, tenga usted por seguro que le proporcionaré un buen destino; que se le empleará con ascenso.»

DOÑA VICENTA.—¿Qué sueldo tenías la última vez?

DON JUAN.—Doce mil reales.

DOÑA VICENTA.—¡Sí! ¡Cuarenta y cinco duros todos los meses! ¡Qué tiempos aquéllos!... Pero no perdamos el tiempo. Vete a casa de don Aquilino.

DON JUAN.—Pero...

DOÑA VICENTA.—Hijo mío, no hay más remedio. Estas situaciones deben afrontarse con valor.

DON JUAN.—¡Sí, valor se necesita para estas situaciones! En fin, ¡qué le hemos de hacer! ¡Vamos allá! *(Poniéndose la capa, que estará sobre una silla del foro.)*

DOÑA VICENTA.—Y no tardes en volver. A las doce en punto almorzaremos; en cuanto la niña dé la lección de dibujo.

DON JUAN.—No tardaré, descuida.

DOÑA VICENTA.—Oye; y a propósito del pintor, ¿cuándo piensas hacerle alguna indicación respecto a sus relaciones con la niña? Él no nos ha dicho nada todavía.

DON JUAN.—¡Ni falta! Deja correr el tiempo.

DOÑA VICENTA.—Pues yo creo que no estamos en el caso de desechar esa proporción que se presenta a nuestra hija.

DON JUAN.—¡Proporción! ¡Proporción!

DOÑA VICENTA.—¡Un joven de talento! ¡Un artista notable!...

DON JUAN.—Será todo lo notable que quieras, pero no gana dos pesetas. No hay más que ver cómo anda de ropa. Lleva un chaquet imposible.

DOÑA VICENTA.—¡Mira en lo que has ido a fijarte! ¡Valiente chaquet llevaría Murillo cuando empezaba su carrera! Di que a ti Álvaro no te ha entrado por el ojo derecho.

DON JUAN.—No es eso, mujer; pero antes de decidirnos a autorizar esas relaciones, es necesario que averigüemos si es digno de la mano de nuestra hija, para lo cuál ya he tomado mis medidas.

DOÑA VICENTA.—¿Qué has hecho? Alguna simpleza.

DON JUAN.—No, señor. Como él está siempre diciendo que en Sevilla pintaba tanto y cuanto, y que allí le conoce todo el mundo, escribí hace unos días a mi primo Frasquito, rogándole que averiguase los antecedentes de ese joven, y espero la contestación, que ¡ojalá sea satisfactoria!

DOÑA VICENTA.—No me parece mal.

DON JUAN.—Por eso te digo que no debemos precipitarnos. *(Campanillazo.)*

DOÑA VICENTA.—¡Llaman! ¿Será él?

DON JUAN.—Voy a abrir. No. Puede que sea algún acreedor; conviene que salgas tú.

DOÑA VICENTA.—Bueno, hombre, bueno. ¡Qué carácter tan apocado! *(Vase por el foro.)*

DON JUAN.—Muy apocado, mucho; yo mismo lo reconozco. *(Cepillando el sombrero.)* ¡Canario, cómo está este sombrerito! Lo mismo da ya cepillarlo al revés que al derecho.

DOÑA VICENTA.—¡Don Alvarito! *(Dentro.)*

DON JUAN.—¡Señora!

DOÑA VICENTA.—Adelante, adelante.

## ESCENA IV

DICHOS y ÁLVARO.

ÁLVARO.—Señor don Juan, muy buenos días.

DON JUAN.—Hola, pollo. ¿Qué tal?

ÁLVARO.—Regular, nada más que regular.

DON JUAN.—¿Qué es eso? ¿Está usted malo? El frío tal vez...

ÁLVARO.—No; es que acabo de tener un disgusto...

DOÑA VICENTA.—¡Caramba!

ÁLVARO.—Sí; he reñido con la patrona y me he despedido para no volver.

DON JUAN.—(Éste no la pagaba.)

ÁLVARO.—Y como ustedes comprenden, estas cuestiones siempre molestan.

DOÑA VICENTA.—Claro...

ÁLVARO.—Tener que buscar ahora otra habitación...

DOÑA VICENTA.—Hombre, abajo en el principal, hay una casa de huéspedes muy buena, según dicen. Están de pupilos una porción de personajes: diputados, senadores...

DON JUAN.—Sí, pero será demasiado caro para un artista.

ÁLVARO.—Eso sería lo de menos; pero los cuartos principales son oscuros, y yo necesito luz, mucha luz.

DON JUAN.—Es natural, para pintar...

ÁLVARO.—¡Cuánto echo de menos mi estudio de Sevilla! ¡Qué panorama aquél! ¡Oh! ¡Qué panorama! *(Con entonación altisonante.)* El Guadalquivir a mis pies, como un espejo de plata bruñida; la Torre del Oro en la orilla opuesta; detrás, el palacio de San Telmo, cuyos espesos naranjales embalsaman el aire con efluvios aromáticos; a mi espalda el barrio de Triana con su carácter alegre y gitanesco, y allá, levantándose a lo lejos, la esbelta y árabe Giralda, que parece tocar el cielo con la aguzada punta de su veleta.

DOÑA VICENTA.—(¿Eh, qué tal?) *(Aparte a Don Juan.)*

DON JUAN.—(Artista sí lo es.)

ÁLVARO.—Aquí no hay nada de eso.

DON JUAN.—¿Qué ha de haber, hombre? Aquí no hay nada, créame usted a mí, nada.

ÁLVARO.—¡Pero usted está con el sombrero en la mano! Si iba usted a salir, por mí no se detenga.

DON JUAN.—No, si no tengo prisa.

DOÑA VICENTA.—Sí la tienes, el señor es de confianza. Anda, vete a ver a ese... caballero. Toma el llavín, que estoy ya aburrida de tanto abrir la puerta.

DON JUAN.—Bueno; mujer, bueno. *(Poniéndose la capa y el sombrero.)* Vamos allá. Hasta luego, don Alvarito.

ÁLVARO.—Vaya usté con Dios.

DON JUAN.—(¿Qué le diré yo a don Aquilino? ¿Qué le diré yo?) *(Vase.)*

## ESCENA V

DOÑA VICENTA, ÁLVARO y después ANGUSTIAS.

ÁLVARO.—¡Pero qué buena persona es su esposo de usted!

DOÑA VICENTA.—Gracias.

ÁLVARO.—Y usted también. Y de Angustias no hablemos. Son ustedes una familia encantadora.

DOÑA VICENTA.—Es usted muy amable.

ÁLVARO.—¡Ah, señora! Los que como yo se encuentran aislados en el mundo, aprecian en todo lo que vale el calor de la familia, el calor del hogar, el calor... *(Restregándose las manos.)* ¡Porque mire usted que hace frío en este Madrid! *(Sentándose al brasero.)*

DOÑA VICENTA.—Efectivamente; y luego, como siempre va usted así. Yo no sé por qué anda usted a cuerpo...

ÁLVARO.—Yo tampoco lo sé, pero es la costumbre. Ya estoy acostumbrado.

DOÑA VICENTA.—Echaré una firmita. *(Arreglando el brasero y sentándose.)*

ÁLVARO.—Rubrique usted todo lo que quiera.

DOÑA VICENTA.—Y vamos a ver, don Alvarito, ahora que no está aquí la niña, hábleme usted con toda franqueza. ¿Tiene, en efecto, disposición para el dibujo?

ÁLVARO.—¡Ah, señora, extraordinaria! Usted misma puede apreciarlo.

DOÑA VICENTA.—Yo no entiendo de eso. Sin embargo, comprendo que adelanta. Anoche vi lo que estaba dibujando: un pliego lleno de besugos...

ÁLVARO.—¿Cómo besugos, señora? Si son ojos.

DOÑA VICENTA.—¡Ah, ya! Ojos de besugo.

ÁLVARO.—No, ojos tomados del yeso, sin pupila...

DOÑA VICENTA.—¡Vamos! Sí.

ÁLVARO.—¡Adelanta la niña, vaya si adelanta! Como que hoy la pasaré a narices.

ANGUSTIAS.—¿De veras? *(Presentándose después de haber escuchado lo anterior desde la puerta.)*

ÁLVARO.—¡Ah, que nos estaba oyendo! *(Se levanta.)*

ANGUSTIAS.—¿De veras va usted a pasarme a otra cosa? Yo lo que estoy deseando es hacer extremos...

DOÑA VICENTA.—¡Niña, por Dios!...

ANGUSTIAS.—Mamá, si los extremos son los pies y las manos.

DOÑA VICENTA.—¡Ah! ¿Ve usted cómo yo no entiendo una palabra de dibujo?

ÁLVARO.—¿Y cómo va, apreciable discípula? (¡Estrella mía!)

ANGUSTIAS.—Bien, muchas gracias. (¡Tunante!) ¿Quiere usted que empecemos la lección?

ÁLVARO.—Cuando usted guste. Aquí traigo a usted lápices franceses del número dos.

DOÑA VICENTA.—Con permiso de usted voy a quitar esto.

ÁLVARO.—*(Al acercarse a la mesa-camilla para dar la lección, Doña Vicenta alza la servilleta o pañuelo que cubre las viandas, para llevarse éstas.)* (¡Caracoles!) ¡Señora!... ¡Deténgase usted!

DOÑA VICENTA.—¡Cómo!

ÁLVARO.—¡Qué chorizos! ¡Qué tono de color! ¡Y qué frescura la de ese queso! ¡Qué bien resultan estas latas! Eso es precioso. No lo toque usted, no lo toque usted. Los artistas debemos aprovechar estos momentos de inspiración. Yo necesito algo de eso para llevármelo al estudio.

DOÑA VICENTA.—¿Cómo?

ÁLVARO.—Precisamente me han encargado con urgencia un cuadro de este género y aquí hay elementos para hacer uno de primer orden. *(Cogiendo lo que indica.)* Si usted me permite...

DOÑA VICENTA.—Bueno, pinte usted lo que quiera.

ÁLVARO.—Con poco me basta. Un chorizo, no, dos chorizos. Hacen mejor. *(Los coloca como componiendo un cuadro sobre el velador.)* La lata de sardinas...

DOÑA VICENTA.—¿Quiere usted esta lata de pimientos?

ÁLVARO.—No, no me sientan bien.

DOÑA VICENTA.—¿Eh?

ÁLVARO.—Que... no sienta bien esa forma cilíndrica; es preferible la plana.

DOÑA VICENTA.—Como usted guste.

ÁLVARO.—Perfectamente. Ahora aquí, sobre la lata, ese trozo de queso.

DOÑA VICENTA.—Lo que usted necesite.

ÁLVARO.—¡Muy bien! *(Probando el queso.)* Riquísimo... riquísimo de color. Esto, con una botella de vino y una libreta, es un almuerzo... digo, un cuadro precioso. Me lo llevo, me lo llevo.

DOÑA VICENTA.—¿Eh?

ÁLVARO.—Estas cosas así, en caliente. *(Envolviéndolo todo en un periódico que saca del bolsillo.)* Ahora mismo me voy al estudio. Tengo verdaderos deseos de pintar.

DOÑA VICENTA.—*(Aparte y en voz muy baja a Angustias.)* (Lo que tiene tu novio es un hambre horrorosa.)

ANGUSTIAS.—(Bien puede ser. ¿Por qué no le convidas a almorzar?)

ÁLVARO.—(¡Delicioso!)

DOÑA VICENTA.—(Tienes razón. Precisamente hoy ha reñido con la patrona...)

ANGUSTIAS.—(¿Sí?)

DOÑA VICENTA.—(Y de esta manera corresponderemos a las atenciones que tiene con nosotros.)

ÁLVARO.—(Exquisito.) *(Saboreando el queso.)* ¡Exquisito!

DOÑA VICENTA.—Oiga usted, don Álvaro.

ÁLVARO.—Señora...

DOÑA VICENTA.—Si ese cuadro no le urgiera a usted tanto...

ÁLVARO.—Mucho, señora, mucho.

DOÑA VICENTA.—Podía usted dispensarnos un favor.

ÁLVARO.—¿Cuál?

DOÑA VICENTA.—Quedarse a almorzar con nosotros.

ÁLVARO.—¿A... a almorzar? ¿Ha dicho usted a almorzar?

ANGUSTIAS.—Sí, señor. Tendríamos sumo gusto en que usted nos acompañase...

DOÑA VICENTA.—Hoy podemos ofrecerle un buen almuerzo.

ANGUSTIAS.—Hay unas chuletas de ternera riquísimas.

DOÑA VICENTA.—Y tenemos además un gran solomillo.

ÁLVARO.—¿Solo... millo? Sólo por el solomillo me quedaría. Mucho más proporcionándome el placer de almorzar con ustedes. Decididamente, que espere el bodegón. *(Dejando sobre el velador los comestibles.)*

DOÑA VICENTA.—¡Ah! ¡Pero iba usted a almorzar a un bodegón!

ÁLVARO.—¡Señora! Bodegón se llama el cuadro compuesto de comestibles.

ANGUSTIAS.—Sí, mamá.

DOÑA VICENTA.—¡Ay! No lo sabía, usted dispense.

ÁLVARO.—No hay de qué.

DOÑA VICENTA.—Haremos un arroz a la valenciana. ¿A usted le gusta?

ÁLVARO.—A mí me gusta el arroz al estilo de todas las provincias de España e islas adyacentes.

DOÑA VICENTA.—Pues anda a prepararlo todo, niña. Dejen ustedes la lección para más tarde. Usted nos dispensará. Vamos a la cocina.

ÁLVARO.—Vayan ustedes, vayan ustedes. Entretanto yo esperaré tomando aquí unos apuntes... (y un bocadillo.)

ANGUSTIAS.—(Hasta luego, amor mío.)

ÁLVARO.—(Hasta después, vida mía.)

ANGUSTIAS.—(Almorzar a su lado... y con solomillo. Hoy soy completamente feliz.)

## ESCENA VI

ÁLVARO, solo.

ÁLVARO.—Lástima que esta familia no tenga dinero. Sería un filón muy explotable. Verdad es que si fueran ricos no consentirían que hiciese yo el amor a la muchacha. Y la chica me gusta, sí, señor, que me gusta. Y también este queso manchego. La Mancha ha producido dos cosas notables: Don Quijote y el queso.

## ESCENA VII

DICHO, DON JUAN.

DON JUAN.—¡Don Alvarito! ¡Don Alvarito! *(Jadeante y muy emocionado.)*
ÁLVARO.—¡Don Juan! ¿Está usted ya de vuelta?
DON JUAN.—Sí, señor, sí. De lo que no he vuelto todavía es de mi asombro. ¡Ay, don Alvarito!
ÁLVARO.—¿Qué es eso? ¡Se pone usted malo!
DON JUAN.—No, señor. Abráceme usted.
ÁLVARO.—Con mucho gusto.
DON JUAN.—¿Dónde están Vicenta y Angustias?
ÁLVARO.—En la cocina.
DON JUAN.—Hay que prepararlas.
ÁLVARO.—¿Para qué? ¿Sucede alguna desgracia?
DON JUAN.—Al contrario. Una felicidad inesperada.
ÁLVARO.—¿Le ha tocado a usté la lotería?
DON JUAN.—Mejor que eso.
ÁLVARO.—¡Mejor queso que éste! ¡Imposible!
DON JUAN.—No, señor. ¡Si es que me han dado un gran destino!
ÁLVARO.—¿De verás?
DON JUAN.—Aquí tengo la credencial. Lea usted, lea usted. *(Mientras lee entre dientes Álvaro, deja la capa sobre una silla y el sombrero sobre el velador.)* Yo no esperaba tanto, la verdad. Con mucho menos me hubiera contentado. ¡Qué sorpresa van a tener!
ÁLVARO.—«Nombrar a usted Gobernador civil de la provincia de...»
DON JUAN.—¡Vicenta! ¡Angustias! Venid acá.
ÁLVARO.—¡Gobernador de provincia! Sí, no hay duda.

## ESCENA VIII

DICHOS, DOÑA VICENTA y ANGUSTIAS.—La primera con los brazos arremangados y un mandilón de cocina.

DON JUAN.—¡Esposa! ¡Hija mía!
DOÑA VICENTA.—¿Qué es eso?
ANGUSTIAS.—¿Qué sucede?
DOÑA VICENTA.—¿Qué pasa?

DON JUAN.—No os asustéis, no os asustéis. Es una buena noticia.

DOÑA VICENTA.—¿Qué? ¡Acaso don Aquilino!...

DON JUAN.—¡Qué don Aquilino, ni qué demonios! Ya no necesitamos prestamistas. ¡Ya tenemos una posición independiente!

ÁLVARO.—¡Brillante!

DON JUAN.—¡Holgadísima!

DOÑA VICENTA.—¿Pero qué dicen ustedes?

DON JUAN.—¡La verdad! ¡Entérate de eso! *(Dándole la credencial, que recogerá de manos de Álvaro.)*

ÁLVARO.—¡Lea usted, señora! ¡Lea usted!

DOÑA VICENTA.—¡Una credencial! *(Leyendo.)*

DON JUAN.—¡Pero qué credencial! ¡Bendito sea el señor de Urrutia! ¡Esto se llama proteger a una persona!

DOÑA VICENTA.—*(Leyendo.)* «Gobernador de la provincia de...»

DON JUAN.—*(Abrazándola.)* ¡Esposa de mi alma!

DOÑA VICENTA.—¡Ay! Yo no sé lo que me sucede... ¡Tú Gobernador, yo Gobernadora! *(Quitándose rápidamente el delantal y bajándose las mangas del vestido.)*

ANGUSTIAS.—¡Pero es de veras!...

DOÑA VICENTA.—Sí, hija mía, lee... *(Dándole la credencial.)* ¡Ahí está bien claro!... ¿Pero cómo ha sido esto? *(A Don Juan.)*

ÁLVARO.—¡Gobernador de provincia!

DOÑA VICENTA.—¿Cuándo han traído esta credencial?

DON JUAN.—Verás, verás cómo ha sido.—Estaba yo en el portal, dudando, la verdad, si ir o no a casa de don Aquilino, porque ya conoces mi carácter, cuando entra un portero del Ministerio, muy galoneado y muy simpático, y dirigiéndose a mí, me preguntó: ¿Sabe usted en qué piso vive el señor don Juan González y Pérez? Servidor de usted, le respondí algo emocionado. Pues aquí le traigo este pliego urgente, de Gobernación. Me saludó con mucha cortesía, y se marchó. Yo, cada vez más conmovido, rasgué el sobre, leí la credencial, me quedé atónito, volví a leerla no sé cuántas veces, y apenas me convencí de la realidad, eché a correr por la escalera arriba agarrándome al posamanos, porque me flaqueaban las piernas.

DOÑA VICENTA.—¡Qué felicidad tan inesperada!...

ANGUSTIAS.—¡Gracias a Dios que vamos a salir de apuros!

DON JUAN.—¡Dices bien, hija mía! Porque estábamos muy apurados.

DOÑA VICENTA.—¡Mucho, don Alvarito, mucho! Usted ya lo habría comprendido. *(A Álvaro.)*

ÁLVARO.—Señora... yo.

DON JUAN.—¡Sí, hombre, sí! ¡No hay por qué ocultarlo! Esto no debe avergonzar a nadie.

ÁLVARO.—¿Qué ha de avergonzar? ¡Todo lo contrario!

DOÑA VICENTA.—¡Pues, sí, señor! ¡Estábamos hasta aquí! *(El cuello.)*

DON JUAN.—¿Hasta aquí? ¡Mucho más arriba! ¡Hasta aquí! *(Tapándose los ojos con la mano.)*

DOÑA VICENTA.—Y vamos a ver. ¿Qué piensas hacer ahora?

DON JUAN.—Pues, primero, ir a Gobernación, presentarme al ministro, darle las gracias, ponerme a sus órdenes y preguntarle que es lo que debo hacer, porque yo no lo sé; como nunca me he visto en este caso... Si estuviera en Madrid el señor de Urrutia, ¡que Dios le bendiga!

DOÑA VICENTA.—¡Amén!

DON JUAN.—El me acompañaría al Ministerio; pero puesto que no está, me presentaré solo. Me parece que esto es lo primero que debo hacer.

DOÑA VICENTA.—¡Naturalmente! Y cuanto antes mejor.

DON JUAN.—¡Ahora mismo! ¡Ahora mismo!

DOÑA VICENTA.—Pero, ¿vas a ir así?

DON JUAN.—¡Tienes razón! No estoy vestido de una manera digna.

DOÑA VICENTA.—Niña, saca un cuello y unos puños postizos. *(Angustias saca de la cómoda lo que el diálogo indique.)*

DON JUAN.—Y la corbata negra.

DOÑA VICENTA.—Y el chaleco negro.

DON JUAN.—Y la levita negra.

DOÑA VICENTA.—*(Bajo a Don Juan.)* ¡Esa está empeñada!

DON JUAN.—(Entonces...) No la saques.

DOÑA VICENTA.—¡Ya se sacará! ¡Ya se sacará todo! Supongo que no llevarás ese pantalón.

DON JUAN.—(Como no quieras que vaya en calzoncillos. No tengo otro.)

DOÑA VICENTA.—(Es verdad, hombre, es verdad.)

DON JUAN.—*(Quitándose el chaquet y el chaleco de color.)* Toma, cepilla bien ese chaquet.

ÁLVARO.—*(A Doña Vicenta.)* Traiga usted acá.

DOÑA VICENTA.—Por Dios, va usted a molestarse.

ÁLVARO.—Lo hago con mucho gusto. No hay otro como yo para la conservación de la ropa. *(Cepillando el chaquet de Don Juan.)*

DON JUAN.—¡Ya! ¡Ya lo habíamos notado!

ÁLVARO.—La necesidad aguza el entendimiento.

DON JUAN.—Sí, señor; pero no saca pelo a las ropas muy usadas.

DOÑA VICENTA.—Ven acá, yo te haré el lazo de la corbata.

DON JUAN.—¡Ay, Vicentita de mi vida! ¡Qué dichosos vamos a ser!

DOÑA VICENTA.—¡Bien te decía yo que no desconfiaras! Dios aprieta, pero no ahoga.

DON JUAN.—¡Tú sí que aprietas, hija! Tú sí que aprietas.

DOÑA VICENTA.—Dispénsame, estoy tan nerviosa...

ÁLVARO.—Ya está el chaquet que parece otro. *(Dándoselo a Don Juan.)*

DON JUAN.—Muchas gracias. No está mal, no está mal, si no tuviera los codos tan raídos.

ÁLVARO.—¡Ah! ¡Es una lástima que no tenga yo aquí el tubito del negro humo! Con dos pinceladas, le quedaba a usted la prenda flamante.

DOÑA VICENTA.—¡Lo que no se les ocurre a estos artistas!

ÁLVARO.—*(Aparte a Angustias.)* ¿Lucero mío, me despreciarás ahora que eres la hija de un alto funcionario?

ANGUSTIAS.—(¡Nunca! ¡Nunca! ¡Te querré más cada día!)

DON JUAN.—¡Ajajá! Me parece que estoy bastante decente, ¿verdad? *(A Doña Vicenta.)*

DOÑA VICENTA.—¿Qué sé yo, Juan? No sé qué decirte. Ese chaquet y ese pantalón no acaban de convencerme... Si tuvieras un gabán largo, muy largo, que pudiera cubrir todo eso...

DON JUAN.—¡Si tuviera un gabán! ¡Claro!

DOÑA VICENTA.—¡Claro u oscuro! ¡Como fuera! *(De pronto.)* ¡Cállate! Tengo una idea.

DON JUAN.—¿Cuál?

DOÑA VICENTA.—Don Alvarito, delante de usted ya no hay para qué andar con reservas.

ÁLVARO.—Gracias por esa confianza.

DON JUAN.—¿Qué es lo que piensas?

DOÑA VICENTA.—El otro día, cuando fui a llevar tu reloj a la casa de préstamos de ahí cerca, de la calle de la Paz.

ÁLVARO.—¡45, entresuelo! Muy buena casa. La conozco.

DOÑA VICENTA.—Vi entre las prendas de caballero puestas a la venta un gabán de pieles magnífico, y muy barato.

DON JUAN.—Bueno, ¿y qué?

DOÑA VICENTA.—Que eso es lo que te hace falta para presentarte con dignidad al ministro.

DON JUAN.—Es verdad, pero...

DOÑA VICENTA.—¡Créemelo! Un gobernador de invierno sin gabán de pieles no tiene autoridad ni nada.

DON JUAN.—Conforme, pero...

DOÑA VICENTA.—Y te lo vas a comprar ahora mismo.

DON JUAN.—¿Con qué dinero?

DOÑA VICENTA.—¡Con papel! *(Se dirige a la cómoda.)*

DON JUAN.—Pero, ¿tenías algún billete y no me lo decías?

DOÑA VICENTA.—Eres un infeliz, no se te ocurre nada. Aquí tenemos varias papeletas de la misma casa de préstamos.

DON JUAN.—¿Y qué?

DOÑA VICENTA.—Con lo que den por ellas, y empeñando además tu capa, se reunirá lo necesario para el gabán.

ÁLVARO.—Es una buena idea.

DOÑA VICENTA.—Porque esta capa está muy buena todavía. ¿Verdad, don Alvarito? Bien pueden dar por ella cinco o seis duros.

ÁLVARO.—*(Mirándola al trasluz.)* (Cincuenta reales. Ni un céntimo más.)

DOÑA VICENTA.—Pues, anda, anda; no perdamos el tiempo.

DON JUAN.—Pero, mujer, ¿no sabes que yo no sirvo para ciertas cosas y que cuando es necesario apelar a estos recursos vas siempre tú?...

DOÑA VICENTA.—Está bien, iré yo contigo. Angustias, dame esa mantilla.

DON JUAN.—(¿Vas a dejar sola a la niña con don Alvarito?)

DOÑA VICENTA.—(Tienes razón.) Angustias, vente con nosotros. Enseguida estamos de vuelta. Si quiere usted esperarnos...

ÁLVARO.—Sí, sí, yo aquí me quedo esperándoles a ustedes para almorzar. (A esta gente, con las glorias se le van las memorias.)

DON JUAN.—Niña, trae unas tarjetas mías que hay en el cajón de la mesa de noche. *(Angustias vase por la primera puerta derecha y sale luego.)* Debo llevarlas para que me anuncien al ministro. ¡Ah! ¿Y guantes? No los tengo.

DOÑA VICENTA.—Lleva estos míos; no necesitas ponértelos. Toma. Los coges así, hechos un manojito, y accionas con ellos; eso acompaña mucho.

ANGUSTIAS.—Aquí están las tarjetas, papá.

DON JUAN.—Trae. ¡Vaya! No me sirven. Tienen otras señas. Son todavía las que me hice cuando vivíamos en la calle de la Berenjena.

ÁLVARO.—Traiga usted. Yo rasparé la Berenjena. *(Con un cortaplumas que saca del bolsillo.)*

DON JUAN.—¡Caramba con el sombrerito! Éste sí que no es digno de un gobernador electo.

DOÑA VICENTA.—Eso es una tontería, porque no te has de presentar al ministro con el sombrero puesto.

DON JUAN.—Tienes razón. Me lo colocaré a la espalda, así, con cierto disimulo... «¡Excelentísimo señor!» *(Saludando con mucha cortesía.)*

ÁLVARO.—Ahí tiene usted la tarjeta. *(Dándosela.)* No se conoce la raspadura.

DON JUAN.—¡Perfectamente! ¡Vamos en busca del gabán! Hasta luego, Alvarito.

ÁLVARO.—¡Adiós, señor Gobernador!

DOÑA VICENTA.—Hasta después.

ÁLVARO.—¡Vayan ustedes con Dios!

ANGUSTIAS.—(A mí apéame el tratamiento.) *(Aparte a Álvaro.)*

ÁLVARO.—¡Adiós, sol de mi vida! ¡Lucero! ¡Estrella! ¡Osita menor! *(Vanse los tres.)*

## ESCENA IX

ÁLVARO solo. Coge un pedazo de pan y lo come con queso, sentándose al brasero.

ÁLVARO.—Pues, señor, estoy asombrado. No creí nunca que este buen señor pudiera ocupar una posición tan importante. ¡Gobernador de provincia! *(Distraído mete el pie en la ceniza.)* ¡Es una friolera. Esto prueba que su protector es una persona de gran influencia. Y quién sabe si podré yo aprovecharla en beneficio propio. Ya me consideran como de la familia, y lo que no se me había ocurrido jamás, que era casarme con Angustias, podría ser ahora una solución para todas mis angustias. ¡Sí, señor! La muchacha puede llegar a ser un gran partido... ¡Caracoles! ¡Huele a chamusquina! *(Mirándose el pantalón.)* Habrán dejado el arroz puesto a la lumbre. ¡Lástima de paella! ¡Procuraré salvarla! *(Dirigiéndose a la segunda izquierda. Llaman.)* ¿Quién será? Voy a ver. *(Sale y vuelve a entrar inmediatamente, precedido del Señor González.)*

## ESCENA X

ÁLVARO y el SEÑOR GONZÁLEZ.

ÁLVARO.—*(Dentro.)* No está, pero si quiere usted esperarle, no tardará en volver.

SEÑOR GONZÁLEZ.—Bueno; pasaré. *(Entrando.)*

ÁLVARO.—Tome usted asiento. *(Se sienta al brasero.)*

SEÑOR GONZÁLEZ.—Gracias. ¿Usted es de la familia?

ÁLVARO.—Como si lo fuera.

SEÑOR GONZÁLEZ.—En ese caso, va usted a hacerme un favor.

ÁLVARO.—Usted dirá.

SEÑOR GONZÁLEZ.—Gracias. Yo salgo esta misma tarde para Toledo, y deseaba entregar antes esta carta al Señor González. Si usted quiere tomarse esa molestia.

ÁLVARO.—Con mucho gusto. *(La toma y la pone sobre el velador.)*

SEÑOR GONZÁLEZ.—Gracias. El cartero la dejó abajo, en el principal, donde tiene usted su casa.

ÁLVARO.—(¡Ojalá!) Gracias.

SEÑOR GONZÁLEZ.—Y como el inquilino de este cuarto y yo tenemos el mismo nombre e iguales apellidos, la he abierto creyendo que era para mí.

ÁLVARO.—No tiene nada de particular.

SEÑOR GONZÁLEZ.—Un compañero de hospedaje me ha dicho después que vivía aquí otro señor González y Pérez, lo cual yo ignoraba, y he creído un deber el subir la carta yo mismo para suplicarle que me dispense el que me haya enterado de asuntos particulares que no me conciernen.

ÁLVARO.—Don Juan agradecerá mucho que usted se haya molestado en subir.

SEÑOR GONZÁLEZ.—Estos son los riesgos a que estamos expuestos los que llevamos nombres y apellidos tan vulgares.

ÁLVARO.—¡Es claro! Eso no se puede evitar.

SEÑOR GONZÁLEZ.—¡Hay tantos González!

ÁLVARO.—¡Y tantos Pérez!

SEÑOR GONZÁLEZ.—¡Y tantos Juanes!

ÁLVARO.—¡Ah, sobre todo Juanes!

SEÑOR GONZÁLEZ.—Pues, nada. Hágame el obsequio de entregar esa carta enseguida, pues, por lo visto, se trata en ella de asuntos de verdadero interés.

ÁLVARO.—Vaya usted descuidado.

SEÑOR GONZÁLEZ.—Servidor de usted. Excuso ya decirle mi nombre. Abajo, en el principal y en el Congreso de los diputados...

ÁLVARO.—(¿Eh?)

SEÑOR GONZÁLEZ.—Me tiene usted a sus órdenes.

ÁLVARO.—¿Es usted diputado?

SEÑOR GONZÁLEZ.—Sí, señor.

ÁLVARO.—(¡Qué sospecha!) Perdone usted una pregunta. ¿Está usted indicado tal vez para algún cargo?... Me parece que he leído...

SEÑOR GONZÁLEZ.—Sí, señor; el ministro tiene empeño en que vaya de Gobernador a una provincia...

ÁLVARO.—(Ay, Dios mío de mi alma.)

SEÑOR GONZÁLEZ.—Pero yo me resisto con todas mis fuerzas, porque me basta para vivir atareado con la representación de mis electores.

ÁLVARO.—(¡Pobrecito don Juan!)

SEÑOR GONZÁLEZ.—Conque repito...

ÁLVARO.—Gracias, servidor de usted.

SEÑOR GONZÁLEZ.—No se moleste.

ÁLVARO.—Beso a usted... beso a usted... la mano. *(Vase González.)* Cúbrase usted. ¡Adiós!

## ESCENA XI

ÁLVARO solo.

ÁLVARO.—¡Adiós mis ilusiones! Éste es el verdadero Gobernador. Aquí ha ocurrido una equivocación lamentable.—¡Ya decía yo! ¡Gobernador don Juan! ¡Si era imposible! *(Se sienta al brasero.)* —¡Qué desencanto va a tener cuando lo sepa! Y ahora se lo dirán en el Ministerio. De seguro le echan de allí con cajas destempladas. Ya se contentaría él con un destinillo de poco más o menos... Aunque... ¿quién sabe? —Ese señor ha dicho que en esta carta le hablan de asuntos de verdadero interés. Acaso otra credencial más modesta... Lo veré; la carta está abierta y si trae una buena noticia borraré con ella, en parte, la mala impresión del desengaño que van a tener. —¡Pobre gente! —*(Leyendo.)* «Sevilla.» —¡Hombre! ¡Es de Sevilla! ¿A quién conocerá allí don Juan? —«Mi querido primo» —Es de un primo. —«Contestando a la tuya en que me pides informes acerca de don...» —¿Eh? —«De don Álvaro Pacheco y Morales...» —¡De mí! —*(Levantándose.)* ¡Ha pedido informes de mí! —«Debo decirte que, según todas las noticias que he adquirido, el tal sujeto...» —¡Malo! Me llama sujeto... y tal. —«Es, en efecto, un pintor de Historia...» —Gracias. —«Pero de mucha historia...» —No hay de qué. —«De aquí salió dejando infinidad de trampas.» —Cierto, no me calumnia. —«Y creo muy difícil que vuelva por acá.» —Pero muy difícil. —«Porque hay muchas personas que le harían pagar...» —Esto sí que es difícil. —Pagar muy caro su mal proceder y su falta de vergüenza.» —Gracias. ¡Y qué claro escribe este caballero! —«Recuerdos a Vicenta y Angustias, y tú sabes que te quiere tu primo, *Frasquito.*» —¡Vaya! Este es un frasquito que se ha destapado. —¡Al momento le entrego yo esta carta a don Juan! Felizmente ese caballero dice que se marcha hoy mismo de Madrid y cuando vuelva ya no se acordará de semejante carta. —¡Nada, nada, se ha extraviado! *(Guardándosela en el bolsillo.)* ¡Este servicio de Correos es una cosa perdida! *(Campanillazo.)* ¡Ah! ¡Ya están ahí! *(Sale y vuelve con Doña Vicenta y Angustias.)* Pues, señor; se van a llevar el gran disgusto.

## ESCENA XII

ÁLVARO, DOÑA VICENTA y ANGUSTIAS.

DOÑA VICENTA.—Me parece que no hemos tardado, ¿eh?

ÁLVARO.—No, no han tardado ustedes. *(Entrando.)*

DOÑA VICENTA.—¿Ha venido alguien?

ÁLVARO.—No, señora; nadie. *(Se sienta muy meditabundo.)*

DOÑA VICENTA.—Todo se arregló como yo decía, y a Juan lo dejamos a la puerta del Ministerio, más contento que unas pascuas. *(Quitándose la mantilla.)*

ÁLVARO.—(Como ropa de pascua van a ponerle al pobrecito.)

DOÑA VICENTA.—En tanto que vuelve, prepararemos el almuerzo. No parece sino que la Providencia nos ha iluminado al invitar a usted para que nos acompañe. Hoy es un día de verdadera felicidad para todos nosotros.

ÁLVARO.—(Cualquiera le dice a esta señora que no hay nada de lo dicho.)

ANGUSTIAS.—Mamá, ¿quieres que saque el mantel y las servilletas?

DOÑA VICENTA.—No, hija mía; yo las sacaré. Tú vete a la cocina a ver cómo anda aquello. *(Saca de la cómoda el mantel y las servilletas.)*

ÁLVARO.—(No hay más remedio; yo tengo que prepararlas para el golpe.)

ANGUSTIAS.—¿Qué tienes? *(Aparte a Álvaro.)*

DOÑA VICENTA.—¿Eh? *(Asustándose.)*

ANGUSTIAS.—(¿Estás preocupado?)

ÁLVARO.—(Sí... es decir, no... es decir... qué sé yo.)

ANGUSTIAS.—Tonto; de seguro crees que porque hemos cambiado de posición he de cambiar de sentimientos. *(Con mucho mimo.)* Pues, no, no y no. *(Vase Angustias.)*

## ESCENA XIII

DICHOS, menos ANGUSTIAS.

ÁLVARO.—*(Imitando la entonación de Angustias.)* (Pues sí, sí y sí. Yo necesito decirles lo que pasa.)

DOÑA VICENTA.—Pero qué mundo este, don Alvarito. ¿Cómo han de suponer en la provincia que vamos a gobernar que yo, la señora Gobernadora, estoy poniendo la mesa con mis propias manos, por no tener criada que me sirva? Le aseguro a usted que en cuanto empecemos a funcionar no me contento con menos de cinco criadas y una doncella. ¿Quién me verá dentro de ocho días? ¡Ay, don Alvarito, qué vueltas da el mundo!

ÁLVARO.—(No es mala voltereta la que tú vas a pegar cuando vuelva don Juan de Gobernación.)

DOÑA VICENTA.—Siempre sucede lo mismo: la felicidad viene cuando no se la espera.

ÁLVARO.—*(Muy sentencioso.)* Y la desgracia también, señora.

DOÑA VICENTA.—Bueno, hombre; pero no hablemos ahora de desgracias.

ÁLVARO.—(Nada, esta señora se resiste a la verdad con todas sus fuerzas.)

## ESCENA XIV

DICHOS y ANGUSTIAS.

ANGUSTIAS.—¡Mamá, mamá!

DOÑA VICENTA.—¿Qué pasa?

ANGUSTIAS.—Que el arroz se ha pasado.

DOÑA VICENTA.—¿Sí?

ÁLVARO.—¡Qué lástima! Cuando yo le digo a usted, señora, que hoy todo son desdichas.

DOÑA VICENTA.—¡Pero, hombre, qué empeño tiene usted en amargarnos la felicidad!

ÁLVARO.—No es eso... es que...

ANGUSTIAS.—(Está triste, porque nos separaremos, mamá.) *(Aparte a Doña Vicenta.)*

DOÑA VICENTA.—¡Ah! ¡Vamos! Ahora me explico el que usted, siempre tan resuelto, tan decididor y tan alegre, esté con esa cara tan sombría. —¡Ánimo, hombre, ánimo, todo se arreglará! Mi hija, cualquiera que sea la posición que ocupe, se honrará mucho conque la favorezca con su afecto un artista tan distinguido.

ÁLVARO.—Muchas gracias, pero...

DOÑA VICENTA.—Sé lo que va usted a decirme; que hoy no está en circunstancias para realizar sus aspiraciones, porque carece de ciertos medios materiales; pero eso no importa. Afortunadamente, para nosotros empieza hoy una nueva era...

ÁLVARO.—(Sí; la Era del Mico.)

DOÑA VICENTA.—Y mi esposo estará en condiciones de poder proteger a usted como se merece.

ANGUSTIAS.—(Sí, Álvaro, sí, no lo dudes; mi papá te protegerá.)

ÁLVARO.—(Pues, señor, nada, no hay quien las apee.)

DOÑA VICENTA.—Yo, desde luego, en su nombre, le ofrezco a usted el cargo de secretario particular. Vendrá usted con nosotros al Gobierno de la provincia. *(Dándose tono.)*

ÁLVARO.—Pero, señora...

DOÑA VICENTA.—¿Sería usted capaz de no aceptarlo?

ANGUSTIAS.—Sí, acéptelo usted.

ÁLVARO.—Está bien; lo acepto. *(Campanillazo.)*

DOÑA VICENTA.—¡Ay! Ese es tu padre.

ÁLVARO.—(¡María Santísima!)

DOÑA VICENTA.—Sal a abrir. *(Vase Angustias.)*

ÁLVARO.—(Bueno vendrá el pobre señor.)

## ESCENA ÚLTIMA

DICHOS y DON JUAN, con gabán de pieles.

DON JUAN.—¡Vicenta, Vicenta!

DOÑA VICENTA.—¿Qué? ¿Has estado con el ministro?

DON JUAN.—No, pero como si hubiera estado.

ÁLVARO.—(¿Eh?)

DON JUAN.—No ha podido recibirme y contestó a mi tarjeta con este volante. Mira, mira, de su puño y letra.

DOÑA VICENTA.—A ver.

ANGUSTIAS.—A ver, papá.

DON JUAN.—Lea usted, lea usted. *(Dándoselo a Álvaro.)*

ÁLVARO.—«Amigo González.» *(Leyendo.)*

DOÑA VICENTA.—¡Te llama su amigo!

DON JUAN.—Claro, entre compañeros...

ÁLVARO.—«Dispénseme que no le reciba, porque estoy en Consejo.»

DON JUAN.—Me da satisfacciones.

ÁLVARO.—«Es necesario que salga usted hoy mismo para su destino.»

DON JUAN.—Estoy haciendo falta en la provincia.

ÁLVARO.—«Vea usted al habilitado, que ya tiene orden mía de adelantarle los fondos que necesite. Suyo afectísimo.»

DON JUAN.—Afectísimo, ya lo ves.

DOÑA VICENTA.—Pero esos fondos... ¿Dónde están esos fondos?...

DON JUAN.—Aquí, en el fondo de este bolsillo. *(Buscando en los bolsillos del gabán. Sacando un papel doblado.)* No. *(Después de olerlo.)* Esto es alcanfor. *(Lo tira.)* Aquí está. No: esto es pimienta en grano. *(El mismo juego anterior.)* ¡Así huele este dichoso gabán!

DOÑA VICENTA.—Pero, hombre, ¿serías capaz de haber perdido ese dinero?

DON JUAN.—No, aquí están los billetes. Dos mil quinientas pesetas. *(Sacando los billetes.)*

DOÑA VICENTA.—¡Dios mío!

ÁLVARO.—(¡Caracoles!)

DON JUAN.—¡Diez mil reales!

DOÑA VICENTA.—En mi vida he visto tanto dinero junto.

ÁLVARO.—Ni yo, señora, ni yo. (Este filón no debe desaprovecharse.)

DON JUAN.—Esta noche salimos de Madrid.

DOÑA VICENTA.—¿Nosotras también?

DON JUAN.—Naturalmente; un Gobernador, para tener autoridad y prestigio, debe presentarse con toda su familia.

ANGUSTIAS.—Y con su secretario particular.

DON JUAN.—¿Eh?

DOÑA VICENTA.—Aquí lo tienes.

ÁLVARO.—Servidor de V. S., señor Gobernador.

DOÑA VICENTA.—Le he nombrado yo en tu ausencia.

DON JUAN.—Me parece bien, es muchacho listo, y, sobre todo, hoy me encuentro dispuesto a proteger a cualquiera.

ÁLVARO.—Muchas gracias.

DON JUAN.—Ea, ea. No hay tiempo que perder. Vamos a equiparnos de lo más preciso.

DOÑA VICENTA.—Tienes razón. *(Se pone la mantilla y Angustias también.)*

ÁLVARO.—Sí, sí, debemos equiparnos.

DOÑA VICENTA.—Buena falta nos hace a todos.

DON JUAN.—¡Ay, Vicenta de mi alma! ¡Ay, hija de mi corazón! *(Abrazándolas.)*

DOÑA VICENTA.—¡Ay, Juan! A mí están a punto de saltárseme las lágrimas.

DON JUAN.—No te conmuevas, esposa mía. *(Casi sollozando.)* Tengamos ánimos para gozar de la ventura, como lo hemos tenido para soportar la desgracia.

DOÑA VICENTA.—Es verdad.

DON JUAN.—A la calle inmediatamente.

ÁLVARO.—Pero, señores, ¿hoy no se almuerza en esta casa?

DON JUAN.—¡En esta casa, no!

DOÑA VICENTA.—¿Eh?

DON JUAN.—Hoy se almuerza en la fonda.

DOÑA VICENTA.—Muy bien pensado.

ANGUSTIAS.—Tiene razón papá.

ÁLVARO.—Mejor que mejor.

DON JUAN.—Solemnicemos nuestro cambio de fortuna. ¡A la fonda!

TODOS.—¡A la fonda!

DON JUAN.—¡En marcha, señor secretario! *(Llevándose del brazo a Vicenta y a Angustias.)*

ÁLVARO.—A sus órdenes, señor Gobernador. (¡Adelante con los faroles, y mientras dura... vida y dulzura!) *(Salen por el foro. Anímese mucho todo el final.)*

# ACTO SEGUNDO

Sobre la puerta de la mampara y para que sea leído desde la portería, este otro: Habitaciones del SR. GOBERNADOR. En el forillo de la Portería, y a la vista del público, una mano señalando este rótulo: PASO A LA SECCIÓN DE FOMENTO. Sobre la mesa de la sala una escribanía elegante. Sillería apropiada. Dos mapas en las paredes. Colgaduras en los tres huecos. En la portería: una mesa con tapete verde, y encima de ésta una carpeta; un tintero y pluma; una petaca con cigarros de papel; una caja de cerillas. En el armario, azucarillos. Debajo de la mesa, un brasero con tarima, alambrera y badila.

## ESCENA PRIMERA

PORTERO y GUARDIAS 1° y 2°. Después el ORDENANZA en la portería.

PORTERO.—Tienes razón, Manolo; la política está perdida.

GUARDIA 2.°—Completamente.

PORTERO.—Vosotros no lo sabéis bien, porque sois nuevos en el oficio; pero yo, que llevo más de veinte años en la casa y que he conocido cincuenta y seis gobernadores, puedo aseguraros que todos son los mismos perros con diferentes collares.

GUARDIA 2.°—Naturalmente.

GUARDIA 1.°—*(Con énfasis.)* Tocante a ese punto, yo sus diré: los gobernadores o son malos o son buenos. Si son buenos, bueno; y si son malos lo mismo. De una manera o de otra, las cosas son como son; y los de arriba son los de arriba, y los de abajo son los de abajo.

GUARDIA 2.°—Exatamente.

PORTERO.—Eso es.

GUARDIA 1.°—Por eso a mí no me apea nadie. La política tiene de todo, y es según se miran las cosas. Unos dicen que si esto, que si lo otro; que si negro, que si blanco; que si patatín, que si patatán; pero yo digo lo que digo:

aquí hace falta más política y menos azmenistración. Así lo he leído en un periódico; y cuando los periódicos lo dicen, por algo dicen lo que dicen.

GUARDIA 2.º—Precisamente.

PORTERO.—Convenido.

GUARDIA 1.º—A mí que no me vengan con historias. El país lo que nesecita... es lo que le hace falta: mucha tranquilidá, muchas obras públicas y mucho Orden público; porque hubiendo orden público... hay orden en el público.

PORTERO.—Y a propósito de orden público: *(Va a la mesa, coge la petaca y da un pitillo a cada uno de los Guardias. Él fuma otro.)* ¿Qué hay de la cuestión del mercado nuevo? Mi mujer me ha dicho que esta mañana andaban las verduleras muy soliviantadas.

GUARDIA 1.º—¡Bah! ¿Quién hace caso de esa gentecilla? Dicen que van a hacer y acontecer; pero si se desmandan ya las meteremos en cintura.

GUARDIA 2.º—Indudablemente.

GUARDIA 1.º—Podrán atreverse con los municipales, porque esa es una fuerza que no tiene fuerza; pero con nosotros los del orden, o los de seguridá como nos llaman ahora, puedes tener la seguridá de que no alza el gallo ninguna verdulera; sobre todo si tenemos un Gobernador enérgico, impune y constituyente.

GUARDIA 2.º—Perfetamente.

GUARDIA 1.º—¿Qué tal será éste que ha venido anoche? *(Mira con precaución por la mampara.)*

PORTERO.—Yo sólo le vi un momento, cuando llegó de la estación con su familia, y me pareció muy campechano. Me dio las buenas noches con mucha amabilidad, y cuando fui a cogerle un saquito que llevaba en la mano, me dijo que no me molestase.

GUARDIA 1.º—Vamos; menos mal, si no es de los que se dan tono; porque lo que es a algunos no se les puede resistir.

GUARDIA 2.º—Verdaderamente.

GUARDIA 1.º—Vienen de Madrid y entran aquí como en país conquistao; nos tratan como a indígenas; dicen que traen muchos proyetos en la cabeza, y luego resulta que lo que traen en la cabeza es humo... *(Chupa el cigarro y echa una bocanada de humo.)* humo... *(Idem.)* y nada más que humo. *(Idem.)*

GUARDIA 2.º—Ciertamente. *(Timbre dentro.)*

PORTERO.—Llama el Jefe de vigilancia.

GUARDIA 1.º—Voy adentro. Espérame aquí. *(Vase el Guardia 1.º por el foro de la portería.)*

GUARDIA 2.º—Corriente.

ORDENANZA.—*(Que sale por la puerta primera de la derecha con varios periódicos en la mano.)* Buenos días.

PORTERO.—Felices.

ORDENANZA.—Aquí están los periódicos de hoy.

PORTERO.—Trae acá.

ORDENANZA.—Yo me marcho.

PORTERO.—¿Adónde vas tan deprisa?

ORDENANZA.—A hacer unos encargos de la señora Gobernadora. *(Vase.)*

PORTERO.—¡Ah!... Vete con Dios. *(Abriendo la mampara.)* ¿Hay permiso? No hay nadie. *(Entra en el saloncito, deja los periódicos sobre la mesa y vuelve a salir.)*

GUARDIA 2.º—¡Este sí que tiene ganga con la portería del Gobierno! *(Sentándose en la banqueta al lado de la mesa.)* Un destinito así es lo que a mí me hacía falta. *(Sale el Portero.)*

PORTERO.—Pues, señor, bien; hace un fresquito regular. *(Arreglando el brasero.)*

## ESCENA II

PORTERO, GUARDIA 2.º, EMPLEADO 3.º

EMPLEADO 3.º—Buenos días.

PORTERO.—Servidor de usted.

EMPLEADO 3.º—¿Han venido ya todos?

PORTERO.—Sí, señor; sólo falta el señor Secretario, que continúa enfermo.

EMPLEADO 3.º—Me he retrasado un poquito en la guantería. ¿No se habrá presentado todavía al señor Gobernador?

PORTERO.—Todavía no ha llamado.

EMPLEADO 3.º—Menos mal. (¡Caramba! ¡Qué estrecha se me ha quedado esta levita!) *(Vase foro portería.)*

## ESCENA III

DICHOS, menos EMPLEADO 3.º, luego DON BENIGNO.

GUARDIA 2.º—¡Qué recompuestos vienen hoy tóos los empleaos! De tiros largos y con chistera.

PORTERO.—Es natural. Como que van a presentarse al señor Gobernador.

DON BENIGNO.—¡Hola, Vicente! Buenos días.

PORTERO.—Muy buenos, don Benigno. ¿Qué le trae a usted por esta casa?

DON BENIGNO.—Vengo a visitar al nuevo Gobernador.

PORTERO.—¿Como médico?

DON BENIGNO.—No, como amigo.

PORTERO.—¡Ah! ¿Le conoce usted?

DON BENIGNO.—¿Que si le conozco? Desde que era un chiquillo. Por cierto que ya entonces revelaba lo que había de ser. Así es que cuando, hace dos años, fue elegido diputado a Cortes, no me sorprendió. Tiene un talento muy claro; no es un político vulgar, no; a ése, el día menos pensado, lo vemos de ministro.

PORTERO.—¿Sí, eh?

DON BENIGNO.—¡Ya lo creo! Anoche me encontré en los periódicos de Madrid con la noticia de su nombramiento de Gobernador de esta provincia; y al saber hoy que había llegado, en cuanto hice las primeras visitas, dije: «Voy a dar un abrazo a Juanito», y aquí estoy.

PORTERO.—Pues, si usted quiere, le pasaré aviso; aunque me parece que no se ha levantado todavía.

DON BENIGNO.—No; entonces déjele usted, déjele usted dormir. No hay nada más respetable que el sueño. ¡Felices los que pueden dormir a pierna suelta! Es lo único que envidio en este mundo, porque con esta pícara profesión es imposible conseguirlo. Me acuesto a las once de la noche reventado de subir y bajar escaleras, y cuando estoy en eso que llaman el primer sueño —yo no sé todavía lo que es el segundo— ¡pum! ¡pum! ¡pum!— tres aldabonazos, que me hacen el mismo efecto que si me los dieran en la boca del estómago. «¿Está don Benigno?» pregunta una voz desde abajo. «Sí, señor» contesta la criada; «y muy calentito» añado yo, «y muy a gusto en su camita y sin ganas de visitar a nadie.» Pero no hay más remedio; la humanidad lo exige. No hay nada más inhumano que la humanidad. Y me levanto, y veo al enfermo, y resulta que lo único que tiene es que no puede dormir. Pues eso mismo tengo yo. Él no puede y a mí no me dejan; el resultado es el mismo. Nada, nada, Vicente, que esta vida no es para llegar a viejo... si no hubiera llegado ya hace algunos años.

PORTERO.—¡Qué don Benigno! ¡Siempre de buen humor!

DON BENIGNO.—Los humores malos quédense para los enfermos, que ya procuraré yo curárselos.

PORTERO.—Y el señor Secretario, ¿cómo sigue? ¿Le ha visto usted hoy?

DON BENIGNO.—Fue la primera visita que hice esta mañana. El lunes o martes podrá ya venir a la oficina. Ea, hasta luego. Voy a ver cómo ha pasado la noche el recaudador de contribuciones.

PORTERO.—¿Qué tiene?

DON BENIGNO.—¿Que qué tiene? Pues tiene un avispero en la nuca y una mujer más temible que el avispero. Adiós, Vicente.

PORTERO.—*(Riéndose.)* Vaya usted con Dios, don Benigno.

## ESCENA IV

DICHOS y ÁLVARO, elegantemente vestido, que al entrar tropieza con DON BENIGNO, que sale.

DON BENIGNO.—¡Ah! Usted dispense.

ÁLVARO.—No hay de qué.

DON BENIGNO.—Servidor. *(Vase.)*

ÁLVARO.—Beso a usted la mano. *(Se dirige a la mampara y la abre.)*

PORTERO.—¡Eh!... Caballero... ¿dónde va usted?

ÁLVARO.—*(Sorprendido.)* ¡Eh!

PORTERO.—¡Ah! Usted perdone. *(Saludándole con una cortesía.)* Como no le vi más que un momento anoche no le había conocido.

ÁLVARO.—(¡Qué susto me he llevado! Creí que sabía algo.) *(Pasa a la antesala.)*

GUARDIA 2.°—¿Quién es ese caballero?

PORTERO.—El secretario particular del señor Gobernador. Se lo ha traído de Madrid.

ÁLVARO.—¿Se puede? *(Llama con los nudillos en la puerta primera izquierda.)*

DOÑA VICENTA.—*(Dentro.)* Allá vamos, Alvarito, allá vamos; aguarde usted un momento.

ÁLVARO.—Está bien; señora, está bien. Envidio a esta familia. Dichosos los que en este mundo terrenal disfrutan como cierta y segura una felicidad tan efímera y transitoria. Hoy he amanecido sentencioso. La buena ropa me ha hecho filósofo. *(Se quita el gabán. Se oye dentro la voz del Guardia 1.°, que sale inmediatamente por el foro de la portería.)*

GUARDIA 2.º—*(Al Guardia 1.º, que se presenta.)* ¿Qué manda el jefe? ¿Que nos vayamos al portal como todos los días?

GUARDIA 1.º—No; que nos vayamos al mercado enseguida, lo cual prueba que temen algo.

GUARDIA 2.º—Seguramente.

GUARDIA 1.º—Conque, andando. Hasta después. *(Al portero.)*

PORTERO.—Hasta luego.

GUARDIA 2.º—Adiós, Vicente. *(Vanse los dos Guardias por la puerta derecha.)*

PORTERO.—*(Suena el timbre.)* Ya empezamos. *(Saca un azucarillo del armario, lo coloca sobre uno de los vasos de agua, que habrá sobre la rinconera de la portería; pone el vaso sobre una bandejita y vase por el foro.)*

## ESCENA V

ÁLVARO. Después DOÑA VICENTA y ANGUSTIAS, que salen por la primera puerta de la izquierda.

ÁLVARO.—Nada; no hay que darle vueltas. Esto no puede prolongarse mucho. Hay que aprovechar los momentos, sea como quiera. *(Pausa corta.)* Si se presentara algún negocio gordo, de esos que pueden hacerse, así, de una plumada, yo lo aprovecharía... ya lo creo que lo aprovecharía. Pero me temo que antes salgamos de la provincia escoltados por la Guardia civil. Yo estoy que no me llega la camisa al cuerpo... ¡y cuidado que es una gran camisa! ¡Hilo puro! Media docena me he comprado. Eso sí; el equipo no me lo quita nadie. Un gabán de primera, un terno de primera y una desvergüenza, también de primera. *(Dando una vuelta sobre el talón.)*

DOÑA VICENTA.—*(Saliendo por la primera puerta izquierda.)* Alvarito... *(Con matiné.)*

ÁLVARO.—Señora... Angustias...

DOÑA VICENTA.—¿Qué tal? ¿Qué le parecen a usté los matinés?

ÁLVARO.—Elegantísimos.

DOÑA VICENTA.—*(A Angustias.)* ¿Lo ves? Esta tonta me decía que el mío era demasiado vistoso para mi edad.

ÁLVARO.—Señora, por Dios... cuando las personas llegan a cierta altura, no tienen edad.

DOÑA VICENTA.—Eso digo yo. ¿Y qué tal? ¿Ha encontrado usted buen cuarto en la fonda?

ÁLVARO.—Sí; no es malo.

DOÑA VICENTA.—Pues, hijo mío, nosotras tenemos unas habitaciones regias. ¡Qué sillerías y qué lavabos, y qué camas!... Las camas sobre todo. En un sueño he pasado la noche. ¡Y qué sueño tan agradable!

ÁLVARO.—¿Sí, eh?

DOÑA VICENTA.—Figúrese usted que iba por la calle en una carretela dorada, arrastrada por seis caballos blancos con penachos azules, oyendo los vivas de la muchedumbre y los acordes de la marcha real, y escoltada por un piquete de la Guardia civil.

ÁLVARO.—¿De la Guardia civil? Hay presentimientos, señora, hay presentimientos.

DOÑA VICENTA.—¡Cómo!

ÁLVARO.—Nada; que todos esos sueños de grandeza son muy naturales. Pero, ¿y don Juan? ¿Está todavía en la cama?

ANGUSTIAS.—¡Quia! Si se levantó muy temprano.

DOÑA VICENTA.—No ha podido pegar los ojos en toda la noche; está muy intranquilo, muy nervioso.

ÁLVARO.—¿Sí?

DOÑA VICENTA.—Acaba de decirme que este cargo tan importante no es para él.

ÁLVARO.—¿Que no es para él? *(Asustado.)* Pues, ¿qué? ¿Sabe algo?

DOÑA VICENTA.—¿De qué?

ÁLVARO.—De... nada; de las luchas políticas de la provincia.

DOÑA VICENTA.—Pero, ¿hay luchas?

ÁLVARO.—Debe de haberlas. ¿Dónde no las hay?

DOÑA VICENTA.—Ahí le tiene usted.

## ESCENA VI

DICHOS, DON JUAN, con batín, por la segunda puerta izquierda.

ÁLVARO.—Buenos días, señor Gobernador.

DON JUAN.—Buenos días, Alvarito.

ÁLVARO.—Conque ha pasado usted mala noche, ¿eh?

DON JUAN.—Malísima. *(Sentándose al lado de la mesa.)*

ÁLVARO.—El viaje sin duda.

DON JUAN.—No, señor; aquí en familia, puedo decirlo; este cargo es superior a mis fuerzas.

DOÑA VICENTA.—Juan, no seas imbécil... y usted dispense. *(Volviéndose a Álvaro.)*

ÁLVARO.—No; el que debe dispensar es él.

DON JUAN.—Sí, esposa mía, sí; tú no tienes idea de lo que es ser Gobernador de una provincia.

DOÑA VICENTA.—Ni tú tampoco. Se puede decir que apenas has tomado posesión.

DON JUAN.—Pues figúrate tú; si antes de funcionar, como quien dice, me encuentro ya anonadado y confundido, ¡qué será de mí cuando se presente la más pequeña dificultad... unas elecciones, por ejemplo!

DOÑA VICENTA.—Eso no te preocupe. Ya sabemos cómo se hacen esas cosas. Con dar gusto al Gobierno has cumplido.

DON JUAN.—Envidio ese carácter tan resuelto y tan...

DOÑA VICENTA.—Tú sigue mis consejos y no te achiques, hombre, no te achiques.

ÁLVARO.—Sí, don Juan; no se achique usted.

DON JUAN.—Bueno; procuraré no achicarme.

DOÑA VICENTA.—Y además, no parece sino que todos los Gobernadores de provincias son unos Sénecas. Pues, no, señor; hay algunos que merecían servir de guardacantones. Serás uno de tantos.

DON JUAN.—Gracias.

ANGUSTIAS.—Sí, papá, anímate; no nos entristezcas.

ÁLVARO.—Tienen razón estas señoras. No debe usted amilanarse, sino todo lo contrario; actividad, decisión y energía. Estas son las condiciones que debe usted demostrar inmediatamente. ¡Piense usted en que esto puede durar muy poco!

DON JUAN.—¡Hombre!... ¿Por qué? *(Levantándose.)*

ÁLVARO.—Por... por... porque ya sabe usted lo inseguros que están en nuestro país todos los Gobiernos.

DON JUAN.—Eso sí; pero me parece que esta situación no ha de cambiar lo menos en un año.

DOÑA VICENTA.—¡Qué en un año! Ni en dos.

ANGUSTIAS.—Claro. ¡Pues bueno fuera que cambiara!

ÁLVARO.—Sin embargo, don Juan, no confiemos mucho. Hay que estar prevenidos. A lo mejor surge una crisis inesperada, y adiós Gobierno, y adiós todo; por lo cual, cuando se ocupa una posición como la de usted, debe aprovecharse. Nada de dudas, ni de vacilaciones, ni de escrúpulos mal entendidos. Cuando pasan rábanos, comprarlos.

DOÑA VICENTA.—Dice bien Alvarito. Este joven ve muy claro en política. *(Aparte a Don Juan.)*

DON JUAN.—Sí verá; pero yo no he entendido eso de los rábanos. *(Aparte a Doña Vicenta.)*

DOÑA VICENTA.—Hijo mío, estás atontado.

DON JUAN.—Mucho, mucho; más de lo que crees. Me he pasado toda la noche dando vueltas en la cama...

DOÑA VICENTA.—Ya lo sé.

DON JUAN.—Tratando de coordinar mis ideas para componer la alocución que debo publicar hoy, dirigida a mis gobernados. Cuando yo creía haber formulado mi pensamiento, me lanzo de la cama, me siento a escribir, y... nada... Las ideas se me habían borrado por completo. Seis horas me he pasado mirando una cuartilla de papel en la que no he podido escribir más que lo siguiente: «Habitantes de esta provincia; dos puntos y... punto final.»

DOÑA VICENTA.—¡Parece mentira!

DON JUAN.—Pues, desgraciadamente, es la pura verdad.

ÁLVARO.—Eso no le preocupe a usted. Para algo soy yo su secretario particular. Eso es de mi incumbencia; esas cosas no las hacen nunca los gobernadores.

DON JUAN.—¿No?

ÁLVARO.—No, señor; ni esas... ni otras. ¿Quería usted una alocución? Aquí la tiene usted. *(Sacando un papel.)*

DOÑA VICENTA.—¿Es posible?

ÁLVARO.—La escribí esta mañana en cinco minutos. Esto es sencillísimo. Oiga usted: «Habitantes de esta provincia.»

DON JUAN.—Eso ya lo había yo puesto.

ÁLVARO.—«Al recibir la honrosa misión de gobernaros, confié, más que en mis propios méritos, en la sensatez y en el patriotismo de este heroico vecindario, que ha sabido mantener siempre incólumes los fueros de la libertad y de la justicia.» ¿Eh?

DOÑA VICENTA.—¡Muy bien!

ANGUSTIAS.—¡Bravo!

DON JUAN.—¡Admirable!

ÁLVARO.—«Yo os aseguro que al empuñar las riendas del Gobierno, he de tener en cuenta las circunstancias en que se encuentra la provincia, y he de procurar, por todos los medios posibles, su prosperidad y su engrandecimiento; únicos fines a que aspira vuestro Gobernador.—J. González y Pérez.» ¿Eh? *(Dándole el papel, que Don Juan leerá para sí varias veces.)*

DON JUAN.—¡Un abrazo!... ¡Un abrazo! Ha interpretado usted mi pensamiento. Esas son las ideas que se me ocurrieron en la cama. *(A Doña Vicenta.)*

DOÑA VICENTA.—Ya te dije que había encontrado para ti un gran secretario particular.

ÁLVARO.—Gracias, señora. *(Angustias va a la mesa y repasa los periódicos.)*

DON JUAN.—«Mantener incólumes...» ¡Magnífico! ¡Magnífico! Hoy mismo se imprimirá y se fijará en todas las esquinas.

DOÑA VICENTA.—Yo, con permiso de usted, borraría aquello de empuñar las riendas, porque podría parecerles ofensivo.

ÁLVARO.—No, señora; si eso es una metáfora.

DON JUAN.—Claro, mujer; una metáfora. Los gobernadores usamos mucho las metáforas.

DOÑA VICENTA.—¡Ah! Si es una metáfora, no he dicho nada.

ANGUSTIAS.—Mira, mamá, mira lo que dice de nosotras este periódico. *(Sigue sentada. Todos la rodean.)*

DOÑA VICENTA.—¿De nosotras? *(Acercándose.)*

DON JUAN.—A ver, a ver.

ÁLVARO.—¡Ah! Es uno de los periódicos de la localidad.

ANGUSTIAS.—*(Leyendo.)* «Sean bien venidos: Anoche, en el tren correo, llegó a esta capital el nuevo Gobernador señor González, acompañado de su simpática y distinguida señora, y de su bellísima y elegante hija.» *(Don Juan y Doña Vicenta oyen la lectura con gran regocijo, y enorgulleciéndose cómicamente.)*

DOÑA VICENTA.—¿A ver, a ver? ¿Dice eso de veras?

ANGUSTIAS.—Sí, mamá; mira.

DOÑA VICENTA.—*(Cogiendo el periódico.)* «Han llegado las tan renombradas longanizas...»

ANGUSTIAS.—No, mamá; más arriba. *(Levantándose.)*

DON JUAN.—Sí, mujer; ahí, encima de las longanizas.

DOÑA VICENTA.—¡Ah! Sí; ya veo... «Su simpática y distinguida señora.» Está muy bien escrito este periódico. ¿A ver cómo se llama? *La Luz de la Verdad.* Claro, la verdad pura.

DON JUAN.—Trae, trae, que me parece que dice algo más.

DOÑA VICENTA.—¿A ver?

DON JUAN.—«La provincia está de enhorabuena. El señor González y Pérez, que es un modelo de caballerosidad, de honradez y de consecuencia política, ha demostrado siempre, en su larga carrera, profundos conocimientos en administración y en economía.» ¡Muy bien, muy bien!

DOÑA VICENTA.—Sí, no está mal; pero eso de que has vivido con economía, no había para qué publicarlo.

ÁLVARO.—No es eso, señora.

DON JUAN.—No, mujer; se refiere a mis profundos conocimientos económico políticos.

DOÑA VICENTA.—¡Ah! ¡Ya! ¡Eso es otra cosa!

ANGUSTIAS.—¡Ay! En este periódico hablan de nosotros también. *(Leyendo el otro que habrá sobre el velador.)*

DON JUAN.—¿Sí? Lee, lee. *(Todos rodean a Angustias, que baja al proscenio.)*

DOÑA VICENTA.—Es claro; ¿de qué va a hablar la prensa más que de nosotros?

ANGUSTIAS.—*(Leyendo.)* «Bien vengas mal, si vienes solo.»

DOÑA VICENTA Y DON JUAN.—¡Eh!

ANGUSTIAS.—Así empieza.

DON JUAN.—Sigue, sigue.

ANGUSTIAS.—«Ya tenemos en la capital al nuevo Gobernador de la provincia, que llegó anoche, acompañado *(Sonrisa de satisfacción en Doña Vicenta.)* de su esposa e hija.»

DOÑA VICENTA.—¿Así? ¿A secas?

ANGUSTIAS.—Sí.

DOÑA VICENTA.—¡Qué grosería!

ANGUSTIAS.—«Veremos lo que hace el nuevo Sancho de esta desgraciada ínsula.»

DON JUAN.—¡Caracoles!

DOÑA VICENTA.—¿A qué viene eso de llamarte Sancho?

ÁLVARO.—No lo extrañe usted; es el periódico de oposición.

DOÑA VICENTA.—Y ¿cómo se llama ese papelucho?

ANGUSTIAS.—*El Grito de los Contribuyentes.*

DOÑA VICENTA.—Pues para que griten por algo, vas a suprimir ese periódico al momento; pero al momento.

DON JUAN.—Eso no es posible.

DOÑA VICENTA.—Para algo eres Gobernador.

ÁLVARO.—Tranquilícese usted, señora, que les contestaremos en *La Luz de la Verdad.*

DOÑA VICENTA.—Es verdad; eso es preferible. Dame, dame ese periódico, que lo voy a hacer pedazos. *(Lo coge y lo rompe.)* ¡Sancho!... ¡Sancho!... Ya les daré yo el Sancho... *(Arroja los pedazos al suelo.)*

## ESCENA VII

DICHOS y el ORDENANZA con cuatro grandes paquetes de telas de los colores que marca el diálogo. Sale por la puerta de la portería.

PORTERO.—*(Timbre dentro.)* Allá va. *(Saca un azucarillo y lo pone sobre el vaso.)*

ÁLVARO.—*(A Doña Vicenta.)* Señora, no dé usted importancia a esas pequeñeces.

ORDENANZA.—*(Entrando.)* Aquí están ya los encargos para la señora Gobernadora.

PORTERO.—Dame; yo los pasaré. ¿Hay permiso? *(Abriendo la mampara.)*

DON JUAN.—Adelante.

PORTERO.—Estos paquetes que han traído para usía.

DOÑA VICENTA.—¡Ah! Sí, sí.

DON JUAN.—¿Qué es ello? *(Paseando y leyendo para sí la alocución.)*

DOÑA VICENTA.—Telas para hacernos unos trajes.

ÁLVARO.—(Lo que es bien vestidos sí vamos a salir de aquí.)

DOÑA VICENTA.—Déjelos usted ahí sobre el velador. *(El Ordenanza coge el azucarillo, y comiéndoselo, vase por la derecha.)*

PORTERO.—*(Deja los paquetes sobre el velador.)* ¿Manda algo más usía?

DOÑA VICENTA.—Puede usted retirarse.

PORTERO.—A las órdenes de usía. *(Pasa a la portería.)*

DOÑA VICENTA.—Cada vez que me dan el tratamiento, no lo puedo remediar, me esponjo.

PORTERO.—*(Suena el timbre otra vez.)* Allá va, allá va. *(Coge el vaso.)* Juraría haber sacado el azucarillo. Bueno; pondré otro. *(Pone otro y vase por el foro.)*

ANGUSTIAS.—¡Qué telas tan lindas y qué colores tan nuevos! Este melocotón caído es precioso.

DOÑA VICENTA.—¿Y esta pasa de corinto?

ANGUSTIAS.—¿Y esta fresa machacada? *(Revisando los paquetes.)*

DON JUAN.—Pero, ¿en qué quedamos? ¿Os han traído telas o frutas?

ANGUSTIAS.—Si hablamos de colores, papá.

DOÑA VICENTA.—Vamos, vamos adentro; allí elegiremos lo que más nos agrade. *(Coge los paquetes.)* Venga usted, Alvarito; usted, como pintor, nos aconsejará para la combinación de colores.

ÁLVARO.—Con mucho gusto. *(Cogiendo los paquetes que lleva Doña Vicenta.)*

ANGUSTIAS.—Yo creo que estará muy bien este azul con botón de oro.

ÁLVARO.—Sí, sí. (De oro y azul nos van a poner en cuanto se descubra todo.) *(Vanse Doña Vicenta, Angustias y Álvaro por la puerta primera izquierda.)*

## ESCENA VIII

DON JUAN, el PORTERO, luego el SASTRE. Este personaje es joven y presume de elegante.

DON JUAN.—¡Qué felices son las mujeres! No les preocupa más que las modas. En cambio, yo, no sé cómo voy a arreglarme para salir de este atolladero en que me han metido. La enfermedad del Secretario del Gobierno me pone en un grave compromiso. Él me hubiera enterado... En fin; leeré este periódico *(Se sienta a leer el periódico.)* y al menos tendré una idea de lo que ocurre en la provincia. Veamos.

SASTRE.—*(Saliendo.)* Buenos días. *(Con capa.)*

PORTERO.—¡Hola! ¿Usted por aquí?

SASTRE.—Me ha mandado recado el señor Gobernador para que viniese a tomarle medida. Supongo que será para hacerle el uniforme.

PORTERO.—Sí, eso debe de ser.

SASTRE.—Me alegraría mucho.

PORTERO.—Le pasaré recado, si usted quiere; pero no sé si podrá recibirle. Está ocupadísimo. *(Se dirige a abrir la mampara y el Sastre lo detiene.)*

SASTRE.—Diga usted, diga usted, este señor ¿es gordo o flaco?

PORTERO.—Está regular de carnes.

SASTRE.—¿Y de estatura?

PORTERO.—Regular también.

SASTRE.—Me alegro mucho.

PORTERO.—¿Sí? ¿Por qué?

SASTRE.—Porque... a usted puedo hablarle con franqueza... El Gobernador saliente, que acá para *inter nos*, era un tramposo de primera... *(En voz muy baja.)*

PORTERO.—Sí que lo era. *(Idem.)*

SASTRE.—Se marchó de la noche a la mañana sin recoger el uniforme que me había encargado, y, lo que es peor, sin pagármelo.

PORTERO.—¿Y éste que tiene que ver con que no haya pagado el otro?

SASTRE.—No es eso; es que a mí me convendría que el uniforme que hice para el otro pudiera servirle a éste.

PORTERO.—¡Ya! Pues nada, le pasaré recado.

SASTRE.—Sí; haga usted el favor. *(Deja la capa sobre la banqueta de la puerta.)*

PORTERO.—¿Se puede? *(Abriendo la mampara.)*

DON JUAN.—¿Quién?

PORTERO.—Aquí espera el maestro sastre, que ha mandado llamar usía.

DON JUAN.—¿Sí? Que pase, que pase. *(Levantándose.)* Pues, señor, después de haber leído toda *La Luz*, me he quedado tan a oscuras como antes.

SASTRE.—¿Hay permiso?

DON JUAN.—Adelante.

SASTRE.—A la disposición de usía. Usía dirá en qué puedo serle útil.

DON JUAN.—Pues deseo que me tome usted medidas para el uniforme.

SASTRE.—(¡Oh, felicidad!) Inmediatamente. (Le sirve el del otro; ¡vaya si le sirve!) *(Saca el lápiz, la cartera y el metro; coloca la cartera sobre la mesa y se dispone a tomar medidas.)*

DON JUAN.—Como salí tan precipitadamente de Madrid, sólo tuve tiempo de comprarme el sombrero y el fagín; pero el uniforme...

SASTRE.—Yo aseguro a usía que quedará contentísimo del que yo le haga. Precisamente los uniformes son mi especialidad. Con permiso de usía. *(Disponiéndose a tomar medidas, que irá apuntando en la cartera. Esta escena debe hacerse en la izquierda del proscenio, de modo que el Sastre tenga que volverse hacia la derecha para hacer las apuntaciones sobre la mesa. El actor encargado del papel de Sastre dirá las medidas que realmente tenga el actor que desempeñe el de Don Juan.)* Excuso decir a usía que pondré mis cinco sentidos... *(Largo del pantalón.)* Ciento tres. Pondré mis cinco sentidos en el corte y la confección de estas prendas; porque, naturalmente, un uniforme no es un traje cualquiera, y un Gobernador no es un cualquiera tampoco. *(Largo desde la entrepierna.)* Setenta y siete. *(Don Juan como un maniquí, adopta las posturas a que le obliga el Satre con las medidas.)* Un traje de esta clase acredita a un artista. *(Muslo.)* Cuarenta y seis. Porque la persona que ejerce un cargo importante atrae las miradas de todos. *(Boca del pantalón.)* Treinta y ocho. Y lo que pasaría inadvertido en un particular, sería vituperable en el cuerpo de una autoridad constituida. *(Cintura.)* Ciento catorce. Una arruga de usía sería mi descrédito. *(Largo del chaleco, tomada la medida por detrás del cuello.)* Ciento veintiocho. Por el contrario, sientan la reputación de un artista una casaca de corte correcto, un pantalón que caiga bien a plomo y un chaleco que marque majestuosamente la curva abdominal del alto funcionario. *(Vientre.)* Ciento nueve.

DON JUAN.—Advierto a usted que me urge el uniforme, porque se acercan las fiestas de la Semana Santa y, como es natural, yo he de presidir las procesiones. ¿Hay muchas en esta población?

SASTRE.—*(Ancho del pecho.)* Ochenta y cuatro.

DON JUAN.—¡Ochenta y cuatro procesiones!

SASTRE.—No, señor, no; es el ancho del pecho de usía. Procesiones no hay más que tres: una el Jueves y dos el Viernes Santo; pero brillantísimas. *(Durante este tiempo el Sastre tomará las medidas de la espalda, hombro, faldones, etc.)* La de los Nazarenos, principalmente, es el asombro de todo el que la ve. *(Espaldas.)* Ciento seis. ¡Qué pasos, señor Gobernador, qué pasos tan notables! Aconsejo a usía que se fije sobre todo en el de Pilatos. Está tan bien, que todos los años le apedrean. El año ochenta y cinco descalabraron al señor Gobernador.

DON JUAN.—*(Se vuelve rápidamente.)* ¡Caracoles!

SASTRE.—Tranquilícese usía. Desde esa fecha se acordó que las autoridades vayan siempre entre la Verónica y Longinos. Sesenta y uno. *(Levantándole el brazo derecho para tomarle la medida de la manga. Pausa, durante la que Don Juan permanece en esa ridícula actitud hasta que el Sastre, que ha recogido la cartera, el lápiz y el metro se vuelve y le baja el brazo.)* He terminado. Servidor de usía.

DON JUAN.—¡Gracias a Dios! ¿Y cuándo vendrá usted a probármelo?

SASTRE.—Señor Gobernador, yo no molesto nunca a las personas notables, evito las pruebas, que son siempre enojosas. El uniforme estará al momento, tal vez hoy mismo.

DON JUAN.—¡Tan pronto!

SASTRE.—Tengo montados mis talleres con todos los últimos adelantos, y así, naturalmente, se adelanta más. A las órdenes de usía. He tenido tanto gusto en conocer a usía. ¿Manda algo más usía?

DON JUAN.—No, retírese usía... digo... retírese usted. (Me han metido tanto usía en el cuerpo, que se me salen sin notarlo.)

SASTRE.—*(Desde la puerta.)* Beso a usía la mano.

DON JUAN.—Vaya usted con Dios. *(Vase por la primera puerta de la izquierda y el Sastre sale a la portería.)*

PORTERO.—*(Al Sastre.)* ¿Ha acabado usted ya?

SASTRE.—Ya hemos acabado. *(Se pone la capa.)* Es muy simpático este señor Gobernador. Metiéndole un poco la espalda y cortándole cuatro centímetros de las piernas...

PORTERO.—¡Eh!...

SASTRE.—Quedará perfectamente. *(Vase.)*

PORTERO.—¡Ah! *(Óyense dentro las voces de los Empleados.)*

## ESCENA IX

PORTERO. Después EMPLEADOS por el foro de la portería.

PORTERO.—Ahí vienen ya los empleados.

EMPLEADO 3.º—Nada, nada, señor Miranda; usted es el indicado para hacer la presentación.

EMPLEADO 2.º—Naturalmente.

EMPLEADO 4.º—Nadie mejor que usted.

EMPLEADO 2.º—Y luego la categoría...

EMPLEADO 1.º—Basta, basta; lo haré. ¿Está visible el señor Gobernador?

PORTERO.—Voy a ver. ¿Se puede? *(Ábrese la mampara.)* Entren ustedes. Pasaré recado. *(Sostiene la mampara mientras pasan los Empleados y vase luego por la primera izquierda. Los Empleados, que vestirán de negro, con chistera, levita y guantes claros, acaban de ponerse éstos y se acicalan y componen.)*

EMPLEADO 1.º—No puedo remediarlo; estos actos oficiales me emocionan mucho. Me pongo tan nervioso, que no sé decir cuatro palabras. Pero, en fin, probaré. *(Se separa del grupo y queda meditabundo.)*

EMPLEADO 2.º—(¡Canastos con el cuello! Mi mujer se ha empeñado en prendérmelo por detrás con un alfiler, y en cuanto hago el menor movimiento, me da unos pinchazos horribles.)

EMPLEADO 4.º—Martínez, ¿quiere usted hacerme el favor de abrocharme estos botones? *(Del guante.)*

EMPLEADO 3.º—Dispénseme usted, pero con los guantes puestos no tengo tacto para nada.

EMPLEADO 2.º—Yo se los abrocharé a usted. *(Al bajar la cabeza siente el pinchazo en el cuello.)* ¡Ay!

EMPLEADO 1.º—¿Qué es eso?

EMPLEADO 2.°—Nada, nada. (Lo que digo, hoy muero yo como los toros; de la puntilla.) *(Empleado 1.° acciona en silencio, como si pronunciara un discurso.)*

PORTERO.—El señor Gobernador y su secretario particular saldrán al momento. Sírvanse ustedes esperarles. *(Pasa a la portería.)*

EMPLEADO 3.°—¡Qué preocupado está Miranda! *(A Empleado 2.°)*

EMPLEADO 2.°—Es natural. Este Gobernador, según aseguran los periódicos de Madrid, es un orador notabilísimo, y hablar delante de él no es cosa de poco más o menos.

EMPLEADO 4.°—Ahí viene, ahí viene.

EMPLEADO 3.°—Señor Miranda...

EMPLEADO 1.°—*(Sorprendido en sus cavilaciones.)* ¿Eh?

EMPLEADO 2.°—Que ya sale.

EMPLEADO 1.°—¿Sí? Agrupémonos. *(Se agrupan hacia la derecha.)*

## ESCENA X

DICHOS, DON JUAN, de levita, y ÁLVARO.

DON JUAN.—*(Saliendo por la primera izquierda y muy cariñoso.)* ¡Ah, señores!

ÁLVARO.—*(Aparte a Don Juan.)* (Dese usted tono, hombre, dese usted tono.)

DON JUAN.—*(Con gravedad.)* ¡Señores!...

TODOS.—Señor Gobernador...

EMPLEADO 3.°—*(Aparte al Empleado 1.°)* (Ande usted, Don Matías.)

EMPLEADO 1.°—*(Tragando mucha saliva o interrumpiéndose cuando lo marquen los puntos suspensivos.)* Señor... señor Gobernador... sin las galas oratorias que adornan a usía... sin esa... sin ese... sin esa elocuencia que le ha valido tantos triunfos... eso es... triunfos en el Parlamento...

DON JUAN.—*(Aparte a Álvaro.)* ¿Qué Parlamento?

ÁLVARO.—*(Aparte a Don Juan.)* (Cállese usted, hombre.)

EMPLEADO 1.°—Me permito... saludar a usía en el nombre del padr... del personal de estas oficinas... lamentando que la enfermedad del digno Secretario de este Gobierno... eso es... de este Gobierno... prive a usía del gusto de verle... digo, le prive a él del gusto de ver a usía. He dicho.

VARIOS.—*(Por lo bajo.)* Muy bien, muy bien.

EMPLEADO 3.°—(Siempre dije que este Miranda era un animalucho.)

ÁLVARO.—(*A Don Juan, con quien habrá estado hablando en voz baja desde la terminación del discurso del Empleado 1.º*) (No hay más remedio. Conteste usted cualquier cosa; cualquier cosa; cuatro palabras.)

DON JUAN.—¿Qué les diré yo? ¡Ah! Sí... *(Momento de expectación en los Empleados.)* ¡Habitantes de esta provincia!

ÁLVARO.—*(Aparte a Don Juan rapidísimo.)* (¡Qué dice usted, hombre!)

DON JUAN.—(¡Ya, ya!) Habitantes de esta provincia... me han asegurado que el personal de este Gobierno es un personal dignísimo. *(Rumor de aprobación en los Empleados, que se inclinan ligeramente, como dando las gracias.)* Dignísimo, sí; no retiro la palabra. Yo confío más que en mis propios méritos *(Recordando la alocución.)* en la sensatez y en el patriotismo de todos ustedes, que han sabido mantener siempre incólumes los fueros de la libertad y de la justicia. Sí, señores; al empuñar las riendas de este gobierno...

ÁLVARO.—(¡Ya soltó las riendas!)

DON JUAN.—Ésos son los únicos fines a que aspira vuestro Gobernador, J. Fernández y Pérez. He dicho.

TODOS.—Muy bien, muy bien.

EMPLEADO 2.º—(¡Vaya si es orador el tío este!)

DON JUAN.—Ahora, señores, antes de que ustedes se retiren, quiero tener el gusto de estrechar sus manos. *(Va dando la mano a todos.)*

EMPLEADO 1.º—Señor Gobernador...

EMPLEADO 3.º—He tenido un placer...

EMPLEADO 4.º—Soy un servidor de usía...

EMPLEADO 2.º—*(Sintiendo el pinchazo.)* ¡Ay!...

DON JUAN.—¿Eh?

EMPLEADO 2.º—Hay... momentos de verdadera satisfacción para un subordinado.

DON JUAN.—¡Gracias! *(Dándole una palmada cariñosamente en el cogote.)*

EMPLEADO 2.º—(Me descabella el alfilerito.)

DON JUAN.—Nada, nada; señores, a trabajar, y estén ustedes tranquilos. No soy de los jefes aficionados a remover el personal.

UNOS.—Gracias.

OTROS.—Muchas gracias.

DON JUAN.—Cuéntense ustedes seguros en sus destinos mientras yo sea Gobernador.

ÁLVARO.—(¡Valiente seguridad les ofrece!)

DON JUAN.—¡Ea! *(Abriendo la mampara y como echándolos de la antesala, pero contrastando el tono amable con lo poco cortés de la acción.)* Pueden ustedes retirarse.

EMPLEADO 1.º—A las órdenes de usía.

DON JUAN.—Servidor de ustedes. *(Van saliendo todos.)*

EMPLEADO 1.º—(¡Es muy simpático este señor!)

EMPLEADO 4.º—(Y muy tratable.)

EMPLEADO 3.º—(Gracias a Dios que puede uno quitarse los guantes.)

EMPLEADO 2.º—Debo tener el pescuezo lo mismo que una criba. *(Vanse los Empleados por la puerta del foro de la portería.)*

## ESCENA XI

DON JUAN, DON ÁLVARO y luego DOÑA VICENTA y ANGUSTIAS, que salen por la primera izquierda.

DON JUAN.—Vamos, ya he salido con felicidad de un compromiso gordo.

ÁLVARO.—Y saldremos de todos, no le quepa a usted duda. Para esto no se necesita más que osadía.

DON JUAN.—La tendré, la tendré.

ÁLVARO.—Lo único que no me cansaré de repetirle es que aproveche usted la ocasión.

DON JUAN.—¿De qué?

ÁLVARO.—De... de asegurar su porvenir y el de su familia.

DON JUAN.—En eso ya he pensado.

ÁLVARO.—¿Sí? *(Muy alegre.)*

DON JUAN.—Sí, señor. Como consiga estar aquí un par de años, contando los que llevo de servicio, dejaré a mi mujer y a mi hija una pensión decente.

ÁLVARO.—No es eso.

DON JUAN.—¿Que no?

ÁLVARO.—(Este hombre no sirve para el caso. Lo haré yo por mi cuenta.)

ANGUSTIAS.—*(Salen disputando.)* Sí, mama, sí; los jueves.

DOÑA VICENTA.—De ninguna manera. Los viernes.

DON JUAN.—¿Qué es eso?

DOÑA VICENTA.—Vamos a ver, Juan; ¿qué día prefieres tú para recibir?

DON JUAN.—¿Para recibir qué?

DOÑA VICENTA.—Para recibir la gente.

DON JUAN.—Todos los días. Los gobernadores están obligados a recibir a todas horas

DOÑA VICENTA.—No, hombre; te pregunto qué día de la semana prefieres para nuestras recepciones.

DON JUAN.—¡Ah! ¿Pero vamos a tener recepciones?

DOÑA VICENTA.—Naturalmente. Yo creo que los viernes...

DON JUAN.—El día que tú quieras; pero eso cuesta mucho dinero.

DOÑA VICENTA.—Ya no estamos en el caso de economizar. Como esas reuniones no hemos de pagarlas nosotros...

DON JUAN.—¿Pues quién va a pagarlas?

DOÑA VICENTA.—El Gobierno. Todos estos gastos deben pagarse de los fondos secretos.

DON JUAN.—¡Eso es! Y que lo averigüe *El grito de los Contribuyentes* y ponga el grito en el cielo.

DOÑA VICENTA.—No sé por qué ha de averiguarlo. ¿No son secretos esos fondos? Pues si son secretos, no puede enterarse nadie.

ÁLVARO.—Sí, señora; muy secretos; y yo me encargo de ellos desde ahora. Eso corresponde al secretario particular.

## ESCENA XII

DICHOS, EMPLEADO 1.° que habrá salido un momento antes por el foro de la portería con un papel en la mano. Deja el sombrero de copa sobre la mesa.

EMPLEADO 1.°—*(Abriendo la mampara.)* ¡Ah! Ustedes dispensen.

DON JUAN.—Adelante, adelante. Mi familia. *(Presentando a Doña Vicenta y Angustias.)*

EMPLEADO 1.°—A los pies de ustedes.

DON JUAN.—¿Qué hay?

EMPLEADO 1.°—Este telegrama que acabo de recibir de Gobernación.

ÁLVARO.—(¡Demonio!) Deme usted, deme usted. *(Coge el telegrama.)*

DON JUAN.—*(A Álvaro.)* Sí; vea usted lo que es. *(Mientras lee Álvaro, Don Juan hace la presentación del Empleado a Doña Vicenta y a Angustias. Se saludan y hablan en voz baja.)*

ÁLVARO.—*(Leyendo seguido.)* «H.R.Q.E.22.» *(Pausa corta.)* «M.Z.A.14.» *(Idem.)* «L.J.108.» *(Idem.)* «K.A.C.» *(Idem.)* «Y.T.204.» *(Idem.)* «S.P.P.U.U.» (Me he quedado enterado.)

DON JUAN.—¿Qué dice?

ÁLVARO.—Vea usted. *(Le da el papel.)*

DON JUAN.—*(Leyendo.)* «H.R.Q.E.»—¿Eh?—«22 M.Z.A...» ¿M.Z.A.? ¡Ah! Madrid, Zaragoza, Alicante. Debe ser eso. «14»—«L.J.» No entiendo ni jota. «108 K.» ¡Ca!... «A.C.Y.T.» Aceite... esto está muy claro. «204.»—«S.P.P.» ¿Ese P.P.? ¿Qué Pepe será éste? «U.U.» (Nada, que me pone en un conflicto de P. y P. y doble U.)

EMPLEADO 1.°—¿Quiere usía que se conteste?

DON JUAN.—¡Claro! Hay que contestar. *(Aparte a Álvaro.)* (¿Qué contestamos?)

ÁLVARO.—(Qué sé yo. ¡Este sí que es un compromiso!)

DON JUAN.—(Yo sólo he comprendido que hablan no sé qué de aceite.)

ÁLVARO.—(Pues por mí que lo frían.)

EMPLEADO 1.°—Si usía quiere que busque la clave para descifrarlo...

DON JUAN.—¡Ah! Sí; la clave... naturalmente... la clave. (Por poco nos clavamos.)

EMPLEADO 1.°—Debe estar en el despacho de usía.

DON JUAN.—Pues sí, sí; vamos allá, y con la clave lo desclavaremos.

EMPLEADO 1.°—¡Cómo!

DON JUAN.—Lo descifraremos. Venga usted con nosotros. *(A Álvaro.)*

ÁLVARO.—Hasta luego.

EMPLEADO 1.°—Señora... señorita... *(Vanse por el foro izquierda.)*

DOÑA VICENTA.—Beso a usted la mano.

## ESCENA XIII

DOÑA VICENTA y ANGUSTIAS.

DOÑA VICENTA.—Hija mía; veo con satisfacción que tu padre, al comprender la importancia de su cargo, va dejando aquel aire de modestia y de humildad que tanto le ha perjudicado en su carrera.

## ESCENA XIV

DICHAS, DON BENIGNO.

DON BENIGNO.—Ya estoy aquí de vuelta. ¿Se le puede ver?

PORTERO.—Sí, señor; pase usted si gusta. *(Abriendo la mampara.)* ¿Hay permiso?

DOÑA VICENTA.—Adelante.

PORTERO.—*(A Don Benigno.)* Están la señora y la hija.

DON BENIGNO.—No las conozco: pero no importa. Señoras...

DOÑA VICENTA.—Caballero...

DON BENIGNO.—¿Es la señora de González a quien tengo el gusto de saludar?

DOÑA VICENTA.—Servidora de usted.

DON BENIGNO.—Muy señora mía.

DOÑA VICENTA.—Usted dirá...

DON BENIGNO.—¿A que no saben ustedes a qué vengo?

DOÑA VICENTA.—Nosotras... no...

DON BENIGNO.—Pues vengo a pegar un pellizco al señor Gobernador.

ANGUSTIAS.—*(Retrocediendo.)* ¿Eh?

DOÑA VICENTA.—¡Cómo!

DON BENIGNO.—*(Riendo.)* Tranquilícese usted, señora; soy íntimo amigo de su esposo.

DOÑA VICENTA.—¡Ah! Tome usted asiento. (¿Quién será este señor tan bromista?) *(Se sientan los tres.)*

DON BENIGNO.—Muchas gracias. Su esposo de usted, señora mía, me tiene verdaderamente disgustado.

DOÑA VICENTA.—¿Sí? ¿Por qué?

DON BENIGNO.—Porque ha debido escribirme anunciándome su salida para aquí. Yo hubiera bajado anoche a esperar a ustedes a la estación... digo, anoche no hubiera podido; estuve de parto hasta las tres de la mañana.

DOÑA VICENTA.—¿Eh? *(Asustada.)*

DON BENIGNO.—Soy médico, señora.

DOÑA VICENTA.—¡Ah!

DON BENIGNO.—Sí, Juan les habrá hablado de mí muchísimas veces. Benigno Mochales, servidor de ustedes.

DOÑA VICENTA.—¡Ah! Sí; Mochales... sí; mucho, mucho le hemos oído hablar de Mochales... (No sé quién es.)

ANGUSTIAS.—(Ni yo tampoco.)

DON BENIGNO.—Pues, sí; me tiene muy ofendido.

DOÑA VICENTA.—Debe usted dispensar el que no le haya escrito. Nuestro viaje ha sido precipitadísimo. Este nombramiento nos cogió tan de sorpresa...

DON BENIGNO.—Y a mí también. Como le había oído decir a Juan que no ambicionaba esta clase de destinos...

DOÑA VICENTA.—Es verdad; él ha sido siempre demasiado modesto.

DON BENIGNO.—Muy modesto y muy bueno. Juan vale mucho, señora, vale mucho.

DOÑA VICENTA.—Gracias.

DON BENIGNO.—Y yo le quiero como si fuera de mi familia. Cuando me le encontré en Madrid hace tres años, después de quince que no nos veíamos, estuvo conmigo muy obsequioso. Sentí no tener entonces el gusto de conocer a ustedes; pero me dijo que se hallaban veraneando.

DOÑA VICENTA.—¿Veraneando? Sí, señor; sí. (Se lo diría porque no viese la casa.) *(Aparte a Angustias.)*

ANGUSTIAS.—(Eso debió ser.) *(Ha entrado el ordenanza, que habla en voz baja con el Portero, a quien entrega un lío de ropa envuelto en una percalina negra, de manera que no se vea lo que contiene. Vase el Ordenanza; el Portero abre la mampara.)*

PORTERO.—Señora...

DOÑA VICENTA.—¿Qué hay?

PORTERO.—Esto que acaban de traer para el señor Gobernador.

DOÑA VICENTA.—Llévelo usted allá dentro.

PORTERO.—Con permiso de usía. *(Vase por la puerta segunda izquierda, y vuelve luego a salir, yéndose a la portería.)*

DON BENIGNO.—Y, ¿qué tal? ¿Cómo anda ahora Juan de salud?

DOÑA VICENTA.—Perfectamente.

DON BENIGNO.—Cuando nos vimos en Madrid me dio que padecía mucha debilidad de estómago.

DOÑA VICENTA.—(¡Pobrecito!) Sí, señor; entonces sí padecía debilidad.

DON BENIGNO.—Creo que comía muy poco.

DOÑA VICENTA.—Muy poco, sí, señor; pero ahora come muy bien; comemos muy bien todos.

DON BENIGNO.—¡Vaya con Juanito! Qué ganas tengo de darle un abrazo.

DOÑA VICENTA.—*(Levantándose.)* ¿Quiere usted pasar? En su despacho está.

DON BENIGNO.—¿En asuntos del servicio?

DOÑA VICENTA.—Sí, señor; acaba de recibir un telegrama muy importante del Ministerio.

DON BENIGNO.—¡Ah! Entonces, no; no quiero interrumpirle. Esperaré. Así como así, no tengo prisa hasta dentro de un par de horas.

DOÑA VICENTA.—Como usted guste.

DON BENIGNO.—Vamos a ver; se me ocurre una idea. ¿Ustedes han almorzado ya?

DOÑA VICENTA.—No, señor.

DON BENIGNO.—Pues me convido. *(Yendo a coger su sombrero, que lo ha dejado sobre una de las sillas de la derecha.)*

DOÑA VICENTA.—*(Aparte a Angustias.)* (¡Qué franco es este caballero!)

DON BENIGNO.—Vamos a preparar a Juan una gran sorpresa.

DOÑA VICENTA.—Usted dirá.

DON BENIGNO.—Mande usted que pongan en la mesa un cubierto más, y cuando Juan, sentado ya y dispuesto a almorzar tranquilamente, pregunte para quién es aquel cubierto, yo, que estoy metido debajo de la mesa, le pego un pellizco en la pantorrilla; da un salto; me presento y *¡tableau!* ¿Eh? ¿Qué tal? ¿Qué les parece a ustedes? *(Riendo.)*

DOÑA VICENTA.—*(Riendo también como por cortesía.)* Que tiene usted un humor excelente.

ANGUSTIAS.—(Y mucha afición a dar pellizcos.) *(Voces dentro de Don Juan y Álvaro.)*

DOÑA VICENTA.—Ya creo que sale.

DON BENIGNO.—Pues, nada, nada; a escape al comedor. Verán ustedes cómo nos reímos. *(Al ver que Angustias se queda.)* Niña, no diga usted nada a su papá.

ANGUSTIAS.—Vaya usted descuidado.

DON BENIGNO.—Pase usted, señora.

DOÑA VICENTA.—(¡Qué extravagante es este caballero!)

DON BENIGNO.—(Ni una palabra.) *(A Angustias desde la puerta. Vanse primera izquierda.)*

## ESCENA XV

ANGUSTIAS, ÁLVARO, luego EMPLEADO 1.° por el foro izquierda.

ANGUSTIAS.—Se conoce que tiene mucha confianza con mi papá.

ÁLVARO.—*(Saliendo con un paquete de cartas por el foro izquierda.)* ¿Que me entere de todas estas cartas? ¿Y qué me importan a mí todas estas cartas? *(Viendo a Angustias.)* ¡Ah! ¡Tú aquí!

ANGUSTIAS.—Sí, señor; aquí estoy, y muy incomodada contigo.

ÁLVARO.—¿Sí? ¿Por qué?

ANGUSTIAS.—Porque desde que eres secretario particular de mi papá no te acuerdas para nada de tu novia.

ÁLVARO.—Tienes razón; pero la política me trae muy preocupado; no lo extrañes, Angustias.

ANGUSTIAS.—¡Angustias! Antes nunca me llamabas por mi nombre; siempre me decías: sol, lucero, estrella...

ÁLVARO.—Es que ahora lo veo todo muy nublado.

ANGUSTIAS.—¿Por qué?

ÁLVARO.—Por... por nada. La política, hija, la política.

EMPLEADO 1.°—*(Saliendo.)* Descuide usía, que se reunirán todos los datos inmediatamente. *(Como despidiéndose de Don Juan. A Álvaro.)* Servidor de usted. *(A Angustias.)* A los pies de usted, señorita. (¡Valiente Gobernador nos ha caído! No sabe una palabra de lo que trae entre manos. Y es de los que no apean el tratamiento ni a su padre.) *(Ha pasado a la portería, y cuando va a entrar por la puerta del foro, se presenta el Guardia 1.° Álvaro y Angustias hablan aparte en voz baja cariñosamente.)*

GUARDIA 1.°—*(Muy emocionado.)* ¡Señor de Miranda!... ¡señor de Miranda!

EMPLEADO 1.°—¿Qué pasa? ¿Qué ocurre?

GUARDIA 1.°—Que ya se armó.

EMPLEADO 1.°—¿Qué?

GUARDIA 1.°—El jaleo.

EMPLEADO 1.°—¿Qué jaleo?

GUARDIA 1.°—El de las verduleras.

EMPLEADO 1.°—Me lo estaba temiendo. Hay que dar parte al señor Gobernador.

GUARDIA 1.°—A eso vengo.

EMPLEADO 1.°—Pase usted conmigo. *(Pasan Empleado 1.° y Guardia 1.° a la antesala. Al abrir la mampara, Álvaro está dando un beso en la mano a Angustias.)*

ANGUSTIAS.—¡Ay!

ÁLVARO.—¿Eh? *(Volviendo la cabeza hacia la mampara.)*

EMPLEADO 1.°—¡Ah! *(Se presenta Don Juan)* Señor Gobernador...

DON JUAN.—¿Qué hay?

EMPLEADO 1.°—Una alteración de orden público.

DON JUAN.—(¡Caracoles!)

ANGUSTIAS.—(¡Ay, Dios mío!)

ÁLVARO.—(¡Canastos!)

EMPLEADO 1.°—Este Guardia viene a dar parte de que se han amotinado las verduleras.

DON JUAN.—¡Ah! Vamos... cosas de mujeres.

GUARDIA 1.°—Con perdón de usía. Si son mujeres; pero, no son mujeres.

DON JUAN.—¡Cómo!...

GUARDIA 1.°—Son fieras. Han hecho astillas los puestos del mercado; han desobedecido a la fuerza municipal; han insultado al señor alcalde, y empiezan a formar barricadas con las verduras, con los cestos y demás comestibles.

DON JUAN.—¿Y qué es lo que piden?

GUARDIA 1.°—Pedir no piden nada; no hacen más que gritar: «¡Viva la plaza de las hortalizas! ¡Abajo el mercado nuevo! ¡Muera el contratista! ¡Abajo las autoridades!» Y otras cosas muy feas, que no me atrevo a repetir delante de usía.

DON JUAN.—¡Hola, hola! Parece que el tumulto tiene cierta importancia.

EMPLEADO 1.°—Sí, señor; y puede traer consecuencias muy graves. Es preciso dominarlo a toda costa.

DON JUAN.—Pero, ¿cuál es la causa de este alboroto?

EMPLEADO 1.°—Que las vendedoras vienen negándose hace días a pagar al contratista del mercado nuevo las cuotas estipuladas en el contrato.

GUARDIA 1.°—El señor alcalde ha tenido que retirarse entre los silbidos de aquellas sinvergüenzas... *(Empleado 1.° mira con severidad al Guardia.)* Con perdón de usía.

DON JUAN.—¡Demonio... demonio!... ¿Y qué hacemos? ¿Usted qué opina?

EMPLEADO 1.°—Pues, yo creo que lo indicado es que usía vaya inmediatamente allá, para ver si con su autoridad logra resolver el conflicto.

DON JUAN.—¡Yo!...

ANGUSTIAS.—¡Ay! No, papá; no vayas, por Dios.

DON JUAN.—¡Yo!... La verdad, no sé... no sé qué hacer.

ANGUSTIAS.—(Corro a decir a mamá lo que sucede.) *(Vase rápida por la izquierda.)*

DON JUAN.—Decididamente... no voy. Yo me conozco. Tengo un carácter tan atroz, y sería capaz... hasta de mandar una carga de caballería.

EMPLEADO 1.°—*(Respetuosamente.)* Pues yo, en caso del señor Gobernador, iría sin dudar un momento.

DON JUAN.—¡Ah! ¿Conque usted en mi caso iría?

EMPLEADO 1.°—Sí, señor.

DON JUAN.—Bueno, pues... vaya usted.

EMPLEADO 1.°—Si usía me lo ordena...

DON JUAN.—Por ordenado. Vaya usted y arregle el asunto como mejor le parezca.

ÁLVARO.—*(Que ha estado pensativo y se resuelve de pronto.)* Yo le acompaño a usted.

DON JUAN.—Me parece muy bien. Los secretarios particulares son para estos casos particulares.

ÁLVARO.—Dice usted que la cuestión es con el contratista del mercado, ¿eh? *(Al Empleado 1.°)*

EMPLEADO 1.°—Sí, señor.

ÁLVARO.—Y ese contratista, ¿será hombre de posición, de dinero?

EMPLEADO 1.°—Muy rico.

ÁLVARO.—¿Sí? Pues vamos allá. Yo le obligaré a transigir con las verduleras. *(Con energía.)* (Le saco unos miles de reales y resuelvo el conflicto.) Andando, andando.

DON JUAN.—Mucha entereza, ¿eh? Mucha entereza.

ÁLVARO.—Descuide usted, señor Gobernador.

DON JUAN.—Con las autoridades no se juega.

ÁLVARO.—(No se juega, pero debería jugarse. Eso nos valdría dinero.) Hasta después.

DON JUAN.—Vayan ustedes con Dios.

EMPLEADO 1.°—(¡Pero qué gobernadores nos envían! ¡Qué gobernadores!) *(Vanse a la calle Empleado 1.°, Álvaro y Guardia 1.°)*

## ESCENA XVII

DON JUAN. Luego DOÑA VICENTA y ANGUSTIAS, que salen por la primera izquierda.

DON JUAN.—¡Cuando yo digo que este cargo es superior a mis fuerzas!

DOÑA VICENTA.—¿Qué es eso? ¿Estás aquí?

DON JUAN.—Aquí estoy.

ANGUSTIAS.—Has hecho muy bien en no ir, papá.

DOÑA VICENTA.—Has hecho muy mal; y vas a ir inmediatamente.

DON JUAN.—Pero mujer...

DOÑA VICENTA.—No hay pero que valga.

DON JUAN.—Si han ido ya el oficial primero y mi secretario.

ANGUSTIAS.—¿Alvarito? ¡Ay, Dios mío!

DON JUAN.—Sí, pero no temas. A él no le pasará nada.

DOÑA VICENTA.—Ni a ti tampoco. *(Desde aquí hasta el fin de la escena muy rápido y con creciente energía.)* Y aunque te pasara; para eso eres Gobernador. ¿Qué dirán en este pueblo? ¿Qué pensaran en la provincia? ¿Qué opinión formará de ti el Ministerio? Éstas son las ocasiones en que un hombre público demuestra sus condiciones de mando, de carácter y de autoridad. Yendo allá y haciendo algo gordo, puedes dar lugar a que hablen de ti en las Cortes, a que los de la oposición te insulten y a que el ministro de la Gobernación te defienda. Demasiado sabes que los ministros defienden siempre a los gobernadores, por muchas barbaridades que hagan.

DON JUAN.—Eso es verdad, pero...

DOÑA VICENTA.—Te vas ahora mismo.

DON JUAN.—Pero así... no me conocerán... Van a tomarme por un cualquiera.

DOÑA VICENTA.—Ponte el fajín... ¡Todavía no te le has puesto! ¡Parece mentira! Un Gobernador no debe quitarse el fajín ni para acostarse.

DON JUAN.—Bueno, mujer, bueno; me has convencido. Iré, y suceda lo que Dios disponga. (Entre las verduleras y mi mujer, no cabe duda; prefiero las verduleras.) *(Vase por la segunda izquierda. Suena el timbre dentro y el Portero coloca otro azucarillo y un vaso de agua en una bandeja y se va por el foro derecha, dejando la portería sola.)*

## ESCENA XVIII

DOÑA VICENTA y ANGUSTIAS.

ANGUSTIAS.—Pero, mamá, ¿y si le sucede alguna desgracia?

DOÑA VICENTA.—*(Todavía muy nerviosa y agitada.)* La mayor desgracia que puede pasarle es que le quiten el destino.

ANGUSTIAS.—¿Y ese caballero que estará esperando a papá?

DOÑA VICENTA.—Déjale que aguarde. Lo primero es lo primero. *(Se pasea agitadamente de un extremo a otro de la escena.)*

## ESCENA XIX

DICHAS. El SEÑOR GONZÁLEZ, por la puerta derecha de la portería.

SEÑOR GONZÁLEZ.—*(Deteniéndose sorprendido.)* ¡Eh!... ¡No hay nadie en la portería! ¡Está bien servido esto! *(Leyendo los rótulos.)* «Oficinas del Gobierno civil. Habitaciones del señor Gobernador.» Estas son mis habitaciones. Adelante y veremos cómo me recibe el pseudo Gobernador, mi otro yo. *(Abre la mampara y entra.)* ¡Ah! ¡Unas señoras!...

DOÑA VICENTA.—Caballero, ¿a quién busca usted?

SEÑOR GONZÁLEZ.—Busco a... al señor González.

DOÑA VICENTA.—*(Con impaciencia.)* Al señor Gobernador.

SEÑOR GONZÁLEZ.—*(Sonriéndose.)* Bueno, a ése.

DOÑA VICENTA.—Pues no está visible.

SEÑOR GONZÁLEZ.—¿Son ustedes de la familia?

DOÑA VICENTA.—Soy su esposa; y esta señorita es mi hija.

SEÑOR GONZÁLEZ.—Muy señoras mías. *(Deja sobre la mesa del centro el sombrero y después los guantes, que se quita mientras habla.)*

DOÑA VICENTA.—*(Aparte a Angustias.)* (¡Qué confianza!) ¿Es usted amigo de mi esposo?

SEÑOR GONZÁLEZ.—No tengo el gusto de conocerle, ni él me conoce a mí tampoco; pero a eso vengo, a que me conozca.

DOÑA VICENTA.—¿Y quién es usted?

SEÑOR GONZÁLEZ.—Pues yo... soy... ¡Ah, señora!... Si usted supiera quién soy yo...

DOÑA VICENTA.—Caballero; me sorprende...

SEÑOR GONZÁLEZ.—¡Ya lo creo que se sorprenderá usted!

DOÑA VICENTA.—Tengo tratamiento.

SEÑOR GONZÁLEZ.—*(Conteniendo la risa que le retoza.)* ¡Ah! Es verdad. Perdone usía.

DOÑA VICENTA.—¿De qué se ríe usted?

SEÑOR GONZÁLEZ.—*(Con gran finura y cortesía, como debe hacer toda la escena.)* De lo en serio que ha tomado... usía el gobierno de la provincia.

DOÑA VICENTA.—*(Algo descompuesta.)* Caballero; va usted a obligarme...

ANGUSTIAS.—¡Por Dios, mamá!

SEÑOR GONZÁLEZ.—Cálmese usía, es decir, cálmese usted, porque no hay tal usía.

DOÑA VICENTA.—*(Casi furiosa.)* ¿Qué dice este hombre?...

SEÑOR GONZÁLEZ.—Digo, señora, que haga usted el favor de llamar a su esposo, para que nos entendamos.

DOÑA VICENTA.—Él le contestará a usted como se merece. *(Yendo a la segunda puerta derecha.)* Juan... Juan...

## ESCENA XX

DICHOS, DON BENIGNO. Después DON JUAN.

DON BENIGNO.—¡Juanito! *(Yendo a abrazarle.)*

SEÑOR GONZÁLEZ.—¡Don Benigno!... ¿Usted aquí?...

ANGUSTIAS.—(¡Eh!)

DOÑA VICENTA.—(¿Qué es esto?)

DON BENIGNO.—Un cuarto de hora me has tenido esperándote en cuclillas, debajo de la mesa.

SEÑOR GONZÁLEZ.—¿Qué dice usted?

DON BENIGNO.—Era una broma que te había preparado con tu mujer y tu hija.

DOÑA VICENTA.—(¡Qué sospecha tan horrible!)

SEÑOR GONZÁLEZ.—¡Mi mujer!... ¡Mi hija!...

DON BENIGNO.—¿No es verdad, señoras?

SEÑOR GONZÁLEZ.—Ni esta señorita es mi hija, ni esta señora es mi mujer.

DON BENIGNO.—¿Que no?

DOÑA VICENTA.—(¡Ay! ¡Virgen de Atocha!)

DON BENIGNO.—¿No me dijo usted antes que era la esposa del Gobernador?

DOÑA VICENTA.—Sí, señor; pero...

DON BENIGNO.—¿Y no eres tú el Gobernador?

SEÑOR GONZÁLEZ.—Claro que lo soy.

DOÑA VICENTA.—¿Usted Gobernador?... Pero entonces, ¿qué es mi marido?

SEÑOR GONZÁLEZ.—Su marido de usted es un infeliz, que está equivocado. Es otro Juan González y Pérez que, por un error, ha tomado como suya mi credencial para este cargo.

DOÑA VICENTA.—*(Volviendo a la puerta segunda.)* ¡Juan! ¡Juan!

ANGUSTIAS.—¡Papá! ¡Papá!

DON JUAN.—*(Presentándose con el uniforme de Gobernador, el sombrero puesto y el bastón en la mano.)* Aquí me tenéis.

SEÑOR GONZÁLEZ.—(¡Con uniforme y todo!)

DOÑA VICENTA.—*(Abrazándole.)* ¡Ay, Juan de mi corazón!...

ANGUSTIAS.—*(Idem.)* ¡Ay, papá de mi alma!

DON JUAN.—(¡Qué emoción les ha producido el uniforme!) Calmaos, calmaos y dejadme, que voy a dominar el conflicto.

DOÑA VICENTA.—¡No es mal conflicto el que tenemos aquí! *(Entra el Portero en la portería y se sienta.)*

DON JUAN.—¡Cómo!... ¡Ah!... Señores...

DOÑA VICENTA.—Este caballero es el Gobernador.

DON JUAN.—¡Ah! ¡Un compañero!... Tengo tanto gusto... *(Se dirige a Don Benigno, y éste le indica que es González. Entonces da la mano a éste.)* ¿Y en qué provincia manda usted?

SEÑOR GONZÁLEZ.—En ésta.

DON JUAN.—¡Eh!

DOÑA VICENTA.—Sí; en ésta, Juan, en ésta.

DON JUAN.—*(Aterrado.)* Pero, ¿qué? ¿Ya me han dejado cesante?

SEÑOR GONZÁLEZ.—No, señor.

DON JUAN.—¡Ah! *(Estrechándole con alegría la mano, que no ha soltado aún, ni deja hasta que se indique.)*

ANGUSTIAS.—No, papá.

DOÑA VICENTA.—No, esposo mío.

DON JUAN.—Entonces...

DOÑA VICENTA.—El señor se llama Juan, como tú...

DON JUAN.—¡Ah! *(Como antes.)*

ANGUSTIAS.—Y González, como tú...

DOÑA VICENTA.—¡Y Pérez, como tú! *(Don Juan parece empezar a comprender lo que sucede y estrecha la mano de González con menos efusión.)*

SEÑOR GONZÁLEZ.—Y en Madrid vivíamos en la misma casa: usted en el tercero y yo en el principal.

DON JUAN.—*(Sin soltar la mano de González, pero dejando caer la suya lánguidamente.)* ¡Ay, Dios mío de mi alma! *(Se desmaya. Le dejan sobre la silla, rodeándole todos.)*

DOÑA VICENTA.—¡Juan!...

ANGUSTIAS.—¡Papá!...

DOÑA VICENTA.—¡Juan!...

PORTERO.—¿Qué pasará ahí dentro? *(Acercándose a la mampara en el momento que Angustias la abre, dándola con ella un golpe.)*

ANGUSTIAS.—Agua... pronto... un vaso de agua...

DON BENIGNO.—No hay cuidado, que aquí estoy yo. *(Se acerca a pulsar a Don Juan.)*

SEÑOR GONZÁLEZ.—¡Pobre hombre!

PORTERO.—¿Qué será esto? *(Coge el vaso de agua y entra en la antesala.)*

DON BENIGNO.—Desabrocharle... desabrocharle... El uniforme le oprime demasiado.

DOÑA VICENTA.—¡Ya lo creo que le oprime! *(Desabrochándole la casaca.)*

PORTERO.—¿Se ha puesto malo el señor Gobernador?

ANGUSTIAS.—Traiga usted, traiga usted. *(Le coge el vaso de agua y hace beber a Don Juan.)*

DON JUAN.—*(Suspirando.)* ¡Ay!

DON BENIGNO.—Ya pasó esto.

DON JUAN.—¿Dónde estoy?

DOÑA VICENTA.—Donde no debíamos estar.

PORTERO.—*(A Doña Vicenta.)* ¿Quiere usía alguna otra cosa?

DOÑA VICENTA.—¡Vaya usted en enhoramala!

PORTERO.—¿Qué habrá pasado aquí? *(Sale a la portería, deja el vaso y se pone a escuchar detrás de la mampara.)*

DON JUAN.—¡Ay, esposa de mi vida!... ¡Ay, hija de mi corazón!... ¡Ay, Gobernador de esta provincia!... *(Levantándose y abrazando equivocadamente a los personajes, según los nombra.)*

DOÑA VICENTA.—*(Llorando.)* ¡Adiós mis ilusiones!

PORTERO.—¿Eh?...

DON JUAN.—¡Y yo que de buena fe me había creído Gobernador!

PORTERO.—¿Qué es lo que dice?

DON JUAN.—Ahora sí que ya no me colocan nunca. Pensará su excelencia que esto ha sido un timo.

SEÑOR GONZÁLEZ.—Tranquilícese usted. El ministro y yo comprendimos enseguida el error, que, por cierto, nos hizo muchísima gracia. *(A Don Benigno.)*

DON BENIGNO.—Como que la tiene.

DON JUAN.—Pues a mí no me hace ninguna.

PORTERO.—¡No es el Gobernador! Voy a enterar a los empleados. *(Vase por el foro.)*

DON JUAN.—¿Y ahora qué hacemos? ¿Adónde vamos?

SEÑOR GONZÁLEZ.—Esta misma noche a Madrid, donde le espera a usted una credencial de catorce mil reales.

DON JUAN.—*(Alegrísimo.)* ¿Es de veras? Ese es el destino que me corresponde.

DOÑA VICENTA.—(Pero no tiene usía.)

DON JUAN.—Lo malo es que aquí nos hemos puesto en ridículo. ¿Qué dirá de nosotros *El Grito de los Contribuyentes?*

DOÑA VICENTA.—*(Con violencia.)* La culpa de lo que sucede la tienes tú, por haber cogido aquel pliego que no te pertenecía.

DON JUAN.—Pero ¡mujer!

SEÑOR GONZÁLEZ.—Señora: no tiene nada de particular. A este caballero le ocurrió con la credencial lo que a mí con aquella carta de Sevilla, que era para usted.

DON JUAN.—¿Qué carta?

DOÑA VICENTA.—¿Cuála?

SEÑOR GONZÁLEZ.—La que yo mismo subí a entregar a casa de ustedes, y en la que le daban tan malos informes de no sé qué pintor.

DOÑA VICENTA.—¡Cómo!...

ANGUSTIAS.—¿Qué dice usted?...

DON JUAN.—¿Malos informes?

SEÑOR GONZÁLEZ.—Malísimos. Pero, ¿no ha leído usted la carta?

DON JUAN.—No, señor; ni ha llegado a mis manos.

SEÑOR GONZÁLEZ.—Pues yo se la entregué a un joven que me recibió en casa de ustedes y que me dijo que era como de la familia.

DOÑA VICENTA.—¡Alvarito!

SEÑOR GONZÁLEZ.—¿Quién?

DON JUAN.—¡El propio interesado!

DOÑA VICENTA.—¡El pintor!

ANGUSTIAS.—¡Mi novio! *(Llorando.)*

DON JUAN.—¡Mi secretario particular! Lo mato, lo mato en cuanto vuelva por aquí. *(Esta frase debe coincidir con la primera que dice Álvaro inmediatamente después.)*

## ESCENA XXI

DICHOS, ÁLVARO, que entra precipitadamente, con el ojo izquierdo vendado con un pañuelo blanco. Luego los EMPLEADOS y el PORTERO, por el foro de la portería.

ÁLVARO.—*(Que entra por la derecha y figura que habla con alguien que está fuera.)* Gracias, muchas gracias. Aquí me pondrán un poco de árnica. (¡Me he lucido! Yo iba buscando dinero y sólo he encontrado un patatazo.) *(Abre la mampara y pasa a la antesala. En este momento aparecen por el foro el Portero y los Empleados, que avanzan sigilosamente a escuchar cerca de la mampara.)* Señor Gobernador, señor Gobernador...

DON JUAN.—(Ya está aquí.) Venga usted acá, desgraciado, venga usted acá.

ÁLVARO.—No se apure usted; si esto no es nada; una ligera contusión. El conflicto está dominado.

DON JUAN.—¿Sí, eh?

ÁLVARO.—Es natural. En cuanto yo tomé cartas en el asunto.

DON JUAN.—¿Conque cartas? Eso es lo que sabe usted hacer.

ÁLVARO.—¡Cómo!

DON JUAN.—Tomar cartas que no le pertenecen, y guardárselas para que yo no las lea.

ÁLVARO.—¡Señor Gobernador!

DON JUAN.—Aquí no hay más Gobernador que este caballero. *(Presentando al Señor González.)*

ÁLVARO.—(¡María Santísima!) *(Va a escapar, y Don Juan, cogiéndole por un brazo le detiene.)*

DON JUAN.—¡Es usted un pillo!

DOÑA VICENTA.—¡Un pintamonas!

ANGUSTIAS.—¡Un infame!

ÁLVARO.—Yo... señores...

DON JUAN.—Ha abusado usted indignamente de mi confianza.

DOÑA VICENTA.—Y de la mía.

ANGUSTIAS.—Y de la mía.

SEÑOR GONZÁLEZ.—Basta, señores. *(A Álvaro.)* Retírese usted si no quiere que yo también tome cartas en este asunto.

ÁLVARO.—Sí, señor; me retiro inmediatamente. Soy un servidor de usía.

DON JUAN.—*(Amenazándole.)* Como vuelva usted a llamarme usía...

ÁLVARO.—*(Por el Señor González.)* No; si es al señor.

DON JUAN.—¡Ah! ¡Vamos!...

ÁLVARO.—Queden ustedes con Dios. *(Para salir empuja la mampara, tras de la cual queda oculto el grupo de Empleados, y vuelve a cerrarse. Ya en la portería, dice:)* ¡Todo se ha perdido! Todo se ha perdido... menos el terno. *(Al salir tropieza con el Empleado 1.º)* Usted dispense. *(Vase.)*

## ESCENA ÚLTIMA

DICHOS, EMPLEADO 1.º

EMPLEADO 1.º—¿A dónde va usted? ¿A dónde va ese hombre? ¿Qué hacen ustedes aquí?

EMPLEADO 2.º Y EMPLEADO 3.º—Chist... Silencio... Oiga usted, oiga usted. *(Forman todos con el Empleado 1.º un grupo que escucha junto a la mampara y formando cuadro.)*

DON JUAN.—*(Al público.)*
Avergonzado y corrido
suplica vuestro favor,
el favor que aquí ha perdido,
quien tan poco tiempo ha sido
EL SEÑOR GOBERNADOR.

# LA CALANDRIA

## JUGUETE CÓMICO-LÍRICO EN UN ACTO Y EN PROSA

## PERSONAJES

MANUELA.
DOÑA SIMONA.
DON CELEDONIO.
DON LUCAS.
JUAN.

# ACTO ÚNICO

Sala modestísimamente amueblada con puertas laterales y al foro.

## ESCENA PRIMERA

DOÑA SIMONA.

DOÑA SIMONA.—Es muy chocante, mucho, que no haya venido todavía. ¿Qué casta de pájaro será el tal forastero? Yo no las tengo todas conmigo. Las amas de huéspedes nos llevamos a veces cada petardo... Pero mientras me pague al corriente, lo demás debe importarme poco. *(Campanillazo.)* ¡Francisca! ¡Que llaman! Sal a abrir. Acaso sea él. No, que es don Lucas.

## ESCENA II

DICHA, DON LUCAS, que entra con un paraguas chorreando agua.

**Música**

DON LUCAS. Yo soy un desdichado
que está desesperado
y dado a Barrabás.
Paciencia a Dios le pido,
que estoy tan aburrido
que ya no puedo más.

¡Qué cosas me suceden!
Sufrirse sólo pueden
con gran resignación:
soy mísero cesante,
y aumenta cada instante
mi desesperación.

¡Ay de mí!
treinta meses llevo así
y emplearme aún no logré.
¡Qué sería, ay, Dios, de mí
si no fuera por usté! *(A la patrona.)*

*(Abre el paraguas y lo pone a secar en el suelo.)*

II

Levántome muy serio,
me voy al Ministerio
de la Gobernación,
y allí en la portería
me paso todo el día
como un guardacantón.

Por ver si su excelencia
al fin me da una audiencia
no pienso ni en comer;
mas tiéneme en un potro,
y vuelvo un día y otro
y no le puedo ver.

¡Ay, qué afán!
El sombrero ¡voto a San!
ya no aguanta medio mes,
y ocho veces el gabán
me lo he vuelto del revés.

**Hablado**

DOÑA SIMONA.—Verdaderamente es usted muy desgraciado.

DON LUCAS.—Sí, señora, mucho.

DOÑA SIMONA.—Pero, hombre, ¿cómo se arreglan otros para conseguir lo que pretenden?

DON LUCAS.—No lo sé, señora.

DOÑA SIMONA.—¿Por qué no busca usted recomendaciones, empeños?...

DON LUCAS.—¿Empeños? ¿Le parece a usted que tengo pocos?

DOÑA SIMONA.—Otros pretendientes, por lo menos, consiguen ver al ministro.

DON LUCAS.—Yo no logro verle más que en las caricaturas de los periódicos. Y estoy resuelto; renuncio a pretender. Voy a dedicarme a otra cosa.

DOÑA SIMONA.—¿A qué?

DON LUCAS.—No lo sé todavía, pero yo necesito dedicarme a algo. No puedo continuar así.

DOÑA SIMONA.—¿Y qué piensa usted hacerse?

DON LUCAS.—Yo me haría un traje de invierno, que me hace mucha falta, pero...

DOÑA SIMONA.—¡Pobre don Lucas!

DON LUCAS.—Dice usted bien, soy muy digno de compasión. Esta vida es insoportable; ¡siempre sin un real! Le juro a usted que en más de una ocasion, si hubiera tenido un revólver...

DOÑA SIMONA.—¿Qué?

DON LUCAS.—Lo hubiera empeñado.

DOÑA SIMONA.—Tome usted las cosas con calma y no se queje de su suerte, que peor podría usted estar.

DON LUCAS.—¿Peor todavía?

DOÑA SIMONA.—Sí, señor. Figúrese usted que hubiera caído en poder de una patrona de esas que exigen siempre el pago adelantado.

DON LUCAS.—Es cierto.

DOÑA SIMONA.—De mí no puede usted tener queja.

DON LUCAS.—No, no tengo ninguna.

DOÑA SIMONA.—Jamás le hablo a usted de lo que me debe, y eso que ya me debe usted un pico...

DON LUCAS.—Cierre usted el pico, doña Simona.

DOÑA SIMONA.—Afortunadamente, hoy por hoy no me urge que usted me pague. El huésped que llegó hace tres días me ha adelantado algún dinero.

DON LUCAS.—¡Cómo! ¿Vive en esta casa un hombre que adelanta dinero?

DOÑA SIMONA.—¿Pues no lo sabía usted? El que ocupa ese gabinete.

DON LUCAS.—No le he visto.

DOÑA SIMONA.—Es un señor que no come...

DON LUCAS.—¿Cómo?

DOÑA SIMONA.—Que no come en casa.

DON LUCAS.—(Dichoso él.)

DOÑA SIMONA.—Viene sólo a dormir... cuando viene, pues ésta es la hora en que desde ayer no ha vuelto todavía.

DON LUCAS.—¿No, eh?

DOÑA SIMONA.—No, señor; y esto y otras cosas me tienen preocupada.

DON LUCAS.—¿Qué es ello?

DOÑA SIMONA.—Ese caballero, que ha venido de Galicia, por un lado parece una buena persona, pero por otro...

DON LUCAS.—¿Por cuál?

DOÑA SIMONA.—No me gusta la clase de gente que viene a preguntar por él. Personas ordinarias y hasta sospechosas.

DON LUCAS.—¿Sí, eh? Me alegro. Quizá sea un conspirador. ¡Me meteré!...

DOÑA SIMONA.—¿En dónde?

DON LUCAS.—En eso; en lo que sea. Yo necesito meterme en algo.

DOÑA SIMONA.—Como todavía no tengo confianza, no me he atrevido a preguntarle qué negocios le han traído a Madrid.

DON LUCAS.—Hace usted bien; no se debe ser nunca indiscreto con las personas que pagan por adelantado.

DOÑA SIMONA.—Yo, por eso...

DON LUCAS.—Vaya, me voy a mi cuarto. Pensaré detenidamente en buscar un medio de vivir.

DOÑA SIMONA.—Sí, sí, piénselo usted. Dicen que la necesidad aguza el entendimiento.

DON LUCAS.—¿Que lo aguza? Si eso fuera verdad, tendría yo el entendimiento como una bayoneta. *(Vase puerta derecha.)*

## ESCENA III

DOÑA SIMONA, luego DON CELEDONIO.

DOÑA SIMONA.—Pues, señor, arreglaré el gabinete de ese caballero. ¿Han llamado? ¿Quién será? Es él. Don Celedonio, gracias a Dios.

DON CELEDONIO.—Buenas tardes, señora, ¿cómo va? *(Dejando un lío de ropa sobre una silla.)*

DOÑA SIMONA.—Perfectamente. ¿Y qué ha sido de usted desde ayer? Ya estaba con cuidado.

DON CELEDONIO.—Calle usted, señora, calle usted; si lo que a mí me pasa no le pasa a nadie.

DOÑA SIMONA.—¿Qué le ha sucedido?
DON CELEDONIO.—¿Dónde dirá usted que he estado toda la noche?
DOÑA SIMONA.—No lo sé.
DON CELEDONIO.—En la prevención.
DOÑA SIMONA.—¿Es posible?
DON CELEDONIO.—Sí, señora.
DOÑA SIMONA.—¿Y qué ha hecho usted para eso?
DON CELEDONIO.—¿Yo?... Nada: recibir una paliza.
DOÑA SIMONA.—¿Y quién se la ha dado a usted?
DON CELEDONIO.—Unos... que no fueron a la prevención. Pero me está bien empleado, sí, señora; muy bien empleado.
DOÑA SIMONA.—Vamos, menos mal, si cree usted que la merecía...
DON CELEDONIO.—Eso, y mucho más merezco por encargarme de estos asuntos.
DOÑA SIMONA.—¿Pero qué asuntos son esos?
DON CELEDONIO.—Pues es verdad, que todavía no he explicado a usted el motivo de mi viaje a Madrid.
DOÑA SIMONA.—No, señor. (Ahora lo sabré.)
DON CELEDONIO.—El caso es el siguiente: Yo, como sabe usted, soy gallego, aunque me esté mal el decirlo, y tengo un primo en la Coruña, que tiene un gran café y a quien debo muchísimos favores. Pues bien: pocos días hace me dijo: «Celedonio, creo un buen negocio para el establecimiento el traer unos cantantes flamencos.» Yo al principio creí que sería preciso ir a buscarlos a Flandes, pero me explicó que lo que deseaba eran cantadores del género andaluz.
DOÑA SIMONA.—Sí, sí, ya comprendo.
DON CELEDONIO.—Como mi primo, por sus muchas ocupaciones, no podía venir a contratarlos, me suplicó que me encargara yo de hacerlo, y aquí me tiene usted.
DOÑA SIMONA.—Pero aún no me explico lo de la paliza.
DON CELEDONIO.—Ni yo tampoco, a pesar de haberla recibido.
DOÑA SIMONA.—Siga usted.
DON CELEDONIO.—Desde el día de mi llegada recorrí todos los cafés y centros de reunión de esta clase de gente, sin encontrar nada que me conviniera, hasta que anoche supe que en uno de los barrios extremos había un cafetucho donde una célebre cantaora llamada *La Calandria* hacía las delicias de los concurrentes. Allí me fui, y en efecto, allí encontré lo que deseaba. Mi entrada en el café produjo un efecto particular, así como de admiración, pero yo hice que no lo notaba y me senté

cerca del escenario, donde una mujer, hermosa como un sol y con dos ojos como dos soles, cantaba y bailaba a un mismo tiempo un zapateado, dando unos ayes que partían el corazón, y unas pataditas que partían el tablado. —Esto es lo que me conviene —dije. Y cuando acabó de cantar, entre las palmadas del público, solté un «¡olé, salero!» impropio de un hijo de la Coruña. Me acerqué entusiasmado a la artista y la invité a que bajase con sus compañeros para echar unas cañas de Manzanilla. Siete botellas se bebieron como por encanto, pero las di por bien empleadas, pues casi quedó comprometida a contratarse conmigo y hoy vendrá para ultimar el negocio. Salía yo muy satisfecho del café, cuando tres o cuatro chulos que habían estado sentados en la mesa inmediata, y que ya me habían tirado al sombrero algunos terroncitos de azúcar, —bromita a que yo no había dado gran importancia—, se me acercan en un callejón inmediato, y sin decirme una palabra, ¡pin! ¡pan! me arriman una soberana paliza. Procuro defenderme con el bastón, dando palos al aire, y llega una pareja de guardias tan afortunadamente que le doy a uno de ellos un estacazo. Los chulos huyen y a mí me llevan a la prevención.

DOÑA SIMONA.—¡Pobre don Celedonio!

DON CELEDONIO.—Pues mire usted, no hay mal que por bien no venga; de algo me ha servido aquel error de la autoridad.

DOÑA SIMONA.—¿Sí, eh?

DON CELEDONIO.—Sí, señora. En la prevención estaba detenido un caballero que había robado no sé qué, y al saber lo que me había sucedido, me dijo: —¿Pero a quién se le ocurre acudir a tales cafés con levita y sombrero de copa? Sólo ese traje constituye allí un peligro. Para meterse en esos sitios es necesario vestirse como la gente que los frecuenta. Por lo cual, apenas probada mi inocencia, me pusieron en libertad, compré un traje completo, que tengo ahí en ese lío. Así, desde esta noche, saldré a mis asuntos, pero vestidito de corto.

DOÑA SIMONA.—¿Cómo, en traje de niño?

DON CELEDONIO.—No, señora; traje corto se llama el de chaquetilla.

DOÑA SIMONA.—¡Ya! (Pues estará bonito.)

DON CELEDONIO.—Vaya, con permiso de usted voy a mi gabinete; si vienen algunos cantaores que pasen al momento, y sobre todo si es la cantaora.

DOÑA SIMONA.—Está muy bien.

DON CELEDONIO.—¡Ah! Advierto a usted que hoy almorzaré en casa. Que me preparen algo.

DOÑA SIMONA.—Al momento.

DON CELEDONIO.—Voy a probarme el traje. *(Vase puerta izquierda.)*

## ESCENA IV

DOÑA SIMONA, luego DON LUCAS.

DOÑA SIMONA.—Gracias a Dios que sé lo que es este caballero. Así estoy más tranquila. Ya me tenía preocupada.

DON LUCAS.—Adiós, doña Simona.

DOÑA SIMONA.—¿A dónde va usted?

DON LUCAS.—Al ministerio.

DOÑA SIMONA.—¿Otra vez? ¿Pues no decía usted que no iba más por allá?

DON LUCAS.—No se me ocurre nada en qué ocuparme y vuelvo a pretender. O soy o no soy español.

DOÑA SIMONA.—¿Sabe usted que ya ha venido el huésped del gabinete?

DON LUCAS.—¿Sí? Me alegro mucho. Abur. *(Medio mutis.)*

DOÑA SIMONA.—*(Deteniéndole.)* Y no es un conspirador como usted creía.

DON LUCAS.—¿No? Lo siento mucho. Que usted lo pase bien. *(Medio mutis.)*

DOÑA SIMONA.—*(Deteniéndole.)* Oiga usted, hombre, oiga usted. ¿A qué dirá usted que ha venido a Madrid ese señor?

DON LUCAS.—Como no será a darme dinero, me importa tres cominos.

DOÑA SIMONA.—Pues dinero debe tener, porque trae el encargo de ajustar a varios cantaores del género andaluz para un gran café que tiene en la Coruña.

DON LUCAS.—¡Ya! Conque por lo visto es industrial acaudalado.

DOÑA SIMONA.—Sí, señor.

DON LUCAS.—Yo necesito hacerme amigo suyo. *(Dejando el paraguas.)*

DOÑA SIMONA.—Me parece bien; a ver si por ese medio consigue usted alguna colocación.

DON LUCAS.—¡Quién sabe! ¡Veo un rayo de luz!

DOÑA SIMONA.—Pues que Dios le ilumine. Voy a preparar el almuerzo. *(Vase foro.)*

## ESCENA V

DON LUCAS, que se ha quedado pensativo. Pausa, durante la cual, expresa mímicamente su vacilación.

DON LUCAS.—¡Ay, ay, ay! *(De pronto, cantando al estilo andaluz.)* Marecita de mi arma. *(Dejando de cantar y poniéndose de pronto muy serio.)* Decididamente, yo me lanzo; veré si me contrata.

## ESCENA VI

DICHO, DON CELEDONIO, vestido de chulo con sombrero de ala ancha y faja de vistosos colores. Saca al brazo el gabán, que deja sobre una silla.

DON CELEDONIO.—(¿Eh? ¡Vaya una planta torera! Si me vieran en la Coruña me apedreaban.)

DON LUCAS.—(Este debe ser algún cantaor.) ¡Chis! ¡Eh! Oiga usté, amigo. *(Llamándole.)*

DON CELEDONIO.—Servidor de usted.

DON LUCAS.—¿Usted es de los de acá? *(Como rasgando la guitarra.)*

DON CELEDONIO.—No, señor, soy de los de allá.

DON LUCAS.—Ya, de Andalucía.

DON CELEDONIO.—(¿Eh? ¿Qué tal? Si tendré yo salero.)

DON LUCAS.—Y, vamos a ver; ¿se ha ajustado usted con ese tío?

DON CELEDONIO.—¿Con qué tío?

DON LUCAS.—Con ese que ha venido de Galicia.

DON CELEDONIO.—¡Caballero, ese tío soy yo!

DON LUCAS.—¡Cómo! ¡Es usted! ¡Cuánto me alegro de conocerle! (He metido la pata.)

DON CELEDONIO.—No tiene nada de particular que me haya usted confundido, viéndome en este traje; pero me he vestido así por varias razones.

DON LUCAS.—Ha hecho usted bien, y le sienta perfectamente.

DON CELEDONIO.—Gracias. (Me pondré el gabán; estos trajes son para los climas cálidos.) *(Se lo pone.)*

DON LUCAS.—¡Ay! *(Soltando una nota aguda como si fuera a cantar malagueña, y cortándola de pronto quedándose serio.)*

DON CELEDONIO.—*(Sorprendido.)* ¿Qué le pasa a usted?

DON LUCAS.—¿Que qué me pasa? Me pasan muchas cosas y por eso vengo a ver a usted, por si quiere contratarme.

DON CELEDONIO.—¿A usted?

DON LUCAS.—Sí, señor, a mí.

DON CELEDONIO.—¿Pero usted se dedica también al canto?

DON LUCAS.—¿Al canto? ¡No, señor! ¡Al cante! ¡Es mi nueva profesión! ¡Ay! *(Empezando a cantar como antes.)*

DON CELEDONIO.—(¡Cosa más rara!) ¿Y de qué género es usted?

DON LUCAS.—¿Yo? ¡Del género masculino!

DON CELEDONIO.—¡No es eso! Pregunto si se dedica a lo flamenco.

DON LUCAS.—Sí, señor, a lo más flamenco.

DON CELEDONIO.—Hombre, bien. ¿Y en qué estilo?

DON LUCAS.—¡En el que se estila!

DON CELEDONIO.—¡Ya! ¿Por todo lo alto?

DON LUCAS.—No, señor, por todo lo bajo. ¡Cante hondo! ¡De lo más hondo! ¡Ay! *(Dando una nota muy profunda.)*

DON CELEDONIO.—¡Sí, sí, ya lo veo!

DON LUCAS.—Me parece que más profundo...

DON CELEDONIO.—En efecto, es difícil.

DON LUCAS.—Estoy tan desesperado, caballero, que por bajar, sería capaz de bajar hasta a los infiernos.

DON CELEDONIO.—¡Caramba!

DON LUCAS.—Sí, señor.

DON CELEDONIO.—¿Pues qué le sucede a usted?

DON LUCAS.—*(Cantando.)* Las penillas que yo tengo... Pero casi es mejor que se lo cuente a usted sin música.

DON CELEDONIO.—Como usted quiera.

DON LUCAS.—Yo era empleado, tenía ocho mil reales de sueldo y vivía con desahogo. Pero hace tres años me dejaron cesante, y desde entonces no he vuelto a ver un real en mi bolsillo.

DON CELEDONIO.—¿Y de qué vive usted?

DON LUCAS.—¿Yo? ¡De milagro! Soy tan desventurado que todo me sale mal.

DON CELEDONIO.—Verdaderamente, hay hombres que tienen un destino muy negro.

DON LUCAS.—¡Ay, caballero! Crea usted que por muy negro que sea el destino, es mucho más negra la cesantía.

DON CELEDONIO.—¿Y tiene usted familia?

DON LUCAS.—No, señor; por no tener, ni eso. Gracias a los buenos sentimientos de doña Simona, voy pasándolo menos mal, porque al menos como. Es decir, como menos de lo que debía comer, pero del mal en menos.

DON CELEDONIO.—¿Luego vive usted en esta casa?

DON LUCAS.—Sí, señor; si a esto se llama vivir, vivo.

DON CELEDONIO.—Hombre, me es usted simpático.

DON LUCAS.—Gracias.

DON CELEDONIO.—Seremos dos buenos amigos. ¡Choque usted!

DON LUCAS.—¡De manera que estoy contratado! ¡Ay, caballero! *(Abrazándolo.)*

DON CELEDONIO.—No; eso todavía no se lo aseguro; ya veremos.

DON LUCAS.—¿Pues no decía usted que íbamos a ser amigos?

## ESCENA VII

DICHOS, DOÑA SIMONA.

DOÑA SIMONA.—¡Don Celedonio! El almuerzo está en la mesa.

DON CELEDONIO.—Ponga usted otro cubierto. Almorzaremos juntos *(A Don Lucas.)*

DOÑA SIMONA.—Si el señor ya ha almorzado.

DON LUCAS.—No importa; haga usted lo que la dicen. *(Muy incomodado.)*

DOÑA SIMONA.—Está bien. *(Sale y vuelve a entrar.)*

DON CELEDONIO.—Conque vamos al comedor, don...

DON LUCAS.—Lucas.

DON CELEDONIO.—¿Lucas? ¿Y el apellido?

DON LUCAS.—El apellido debe usted adivinarlo, sabiendo que todo me sale mal.

DOÑA SIMONA.—*(Dentro.)* Sí, señora, aquí vive. *(Saliendo.)* Don Celedonio, una joven pregunta por usted.

DON CELEDONIO.—¿Una joven? Será la cantaora. Que entre; que entre. Espéreme usted en el comedor, soy con usted al momento.

DON LUCAS.—No; por mí no se apresure usted. Yo iré almorzando. *(Vase.)*

## ESCENA VIII

DON CELEDONIO, MANUELA.

**Música**

MANUELA. ¿Da usté su permiso? *(Desde el foro.)*
DON CELEDONIO. ¡Pase usté, señora!
MANUELA. (¡Vaya un empresario!)
DON CELEDONIO. (¡Ay, qué cantaora!)
MANUELA. ¡Si es que le molesto!
DON CELEDONIO. ¡Todo lo contrario!
(¡Ay, qué cantaora!)
MANUELA. (¡Vaya un empresario!)
DON CELEDONIO. (De las que yo he visto
es la flor y nata.)
MANUELA. Vengo a que arreglemos
lo de la contrata.
DON CELEDONIO. Ese es un negocio
fácil de arreglar;
por cuestión de sueldo
no la he de dejar.
MANUELA. (Dice que es negocio
fácil de arreglar;
seis duros de sueldo
le voy a sacar.)

*(Acercándose a Don Celedonio con coquetería, le suelta a quemarropa, por decirlo así, la primera nota de la canción.)*

Puso el sol de Andalucía
su luz en mis ojos negros,
por eso si los entorno
se pone nublado el cielo.

Y si miro a un hombre
con mala intención,
le da de seguro
una insolación.

DON CELEDONIO. Mírame, aunque sea
con mala intención,
que arrostro el peligro
de una insolación.

MANUELA. ¿A quién no mareo *(Bailando.)*
con este meneo,
moviendo graciosa
la punta del pie?
Al ver mi jaleo
se aviva el deseo
y el hombre adivina
lo que no se vé.

DON CELEDONIO. ¡Ay, yo me mareo
con ese meneo!
¡Qué pie tan chiquito!
¡Me encanta ese pie!
¡Ay, Dios, lo que veo!
si sigue el jaleo
no sé que me pasa.
Por Dios, tape usted.

MANUELA. Mire usté.

DON CELEDONIO. Tape usté.

II

MANUELA. De las flores de Sevilla
mi boca tiene el perfume,
y la esencia de las flores
a besitos se consume.
Yo quiero esa esencia,
me dice un galán,
y yo le contesto:
pues no te la dan.

DON CELEDONIO. Las piernas de gusto
bailándome están.
Ya estoy yo flamenco.
¡Me quito el gabán! *(Se lo quita.)*

| | |
|---|---|
| MANUELA. | A quién no mareo<br>con este meneo, etc. |
| DON CELEDONIO. | Ay, yo me mareo<br>con ese meneo, etc.<br>*(Jaleando a Manuela, que baila.)* |

## Hablado

DON CELEDONIO.—(Decididamente esta mujer es una gran adquisición.) Tome usted asiento, hija mía.

MANUELA.—¿Hija suya? Pa ser mi padre, es usted muy joven.

DON CELEDONIO.—(¡Ay! que le parezco joven.) Sentémonos, sentémonos.

MANUELA.—Gracias: estoy bien de pie. *(Mirándose el suyo con coquetería.)*

DON CELEDONIO.—Ya lo creo que está usté bien de pie... y de cara y de todo. No hay que darle vueltas, para mujeres de gracia, las andaluzas.

MANUELA.—Caballero, yo no soy andaluza.

DON CELEDONIO.—¿Que no?

MANUELA.—No, señor; yo he nacío aquí.

DON CELEDONIO.—¿Aquí? ¿En esta casa? ¡Qué casualidad!

MANUELA.—Quiero decir que soy madrileña.

DON CELEDONIO.—Pues nada, no hay que darle vueltas; para mujeres de gracia, las de Madrid.

MANUELA.—Ahora sí que ha dicho usted la verdad.

DON CELEDONIO.—Cuidado que canta usted bien. ¡Anoche me entusiasmé escuchándola! Y por lo visto, su madre de usted debe ser también una gran cantaora.

MANUELA.—¿Mi madre? ¿Por qué lo dice usted?

DON CELEDONIO.—Porque todos, cuando la aplaudían a usted, decían entusiasmados: ¡Olé, viva tu madre!

MANUELA.—Caballero, yo soy huérfana. No he conocío a mi padre, y mi madre se murió cuando yo era muy pequeña. Viéndome sola y sin amparo en el mundo... *(Se limpia una lágrima.)*

DON CELEDONIO.—(¡Pobrecita!)

MANUELA.—Y no teniendo qué comer, me dediqué a vender palillos para la dentadura.

DON CELEDONIO.—(No veo la analogía.)

MANUELA.—Pero aquello daba muy poco, y por recomendación de mi tía Javiera...

DON CELEDONIO.—¿Cómo? ¿Es usted sobrina de la tía Javiera, la de las rosquillas?

MANUELA.—No, señor; mi tía no hace rosquillas; tiene un puesto de verduras en la plaza de los Mostenses.

DON CELEDONIO.— ¡Ya!

MANUELA.—Pues como iba diciendo, por recomendación suya me dieron a vender *La Correspondencia*. ¡Los veinticincos que yo he llevao debajo del brazo! Pero aquello también daba poco y me dediqué a la lotería, que era más productivo. ¡Si viera usted con qué gracia vendía yo los billetes y qué mano tenía yo para los premios!

DON CELEDONIO.—¿Sí, eh?

MANUELA.—Sí, señor; yo era la flor y nata de las billeteras. Ninguna me ganaba a comprometer a los jugadores. *(Imitando a las que venden décimos.)* Caballero, el último que me queda; lléveme usted este décimo, que le va a tocar. Mire usté qué bonito número; el veinte pelao. ¡Tómemelo usted! Que se deja usté la suerte. ¡Mañana sale! ¡Que es el gordo! Ande usté, que tié usté cara de generoso. *(Acosando a Don Celedonio.)*

DON CELEDONIO.—(¡Ay, Dios mío! Comprendo que comprometiera a los jugadores.)

MANUELA.—Pero aquello también me daba poco y me dediqué a vender ramitos de flores en los bailes de la Bolsa.

DON CELEDONIO.—¿Pero, qué, en la Bolsa se baila?

MANUELA.—En lo que antes era Circo de Paul.

DON CELEDONIO.—¡Ah! Vamos, creí que los bolsistas... *(Indicando el baile.)*

MANUELA.—Y como allí había cante flamenco, yo, a fuerza de oír y de oír, tomé afición y aprendí todos los estilos; dejé las flores y me dediqué a esto. Y aquí me tiene usté convertida en una cantaora de verdá.

DON CELEDONIO.—¿Cantaora? Es usted más que cantaora.

MANUELA.—¿Pues qué soy?

DON CELEDONIO.—Encantaora.

MANUELA.—Mire usté, yo seré lo que quiera; pero lo cierto es que los empresarios conmigo hacen su suerte.

DON CELEDONIO.—Lo creo. Por eso me he decidido yo a contratarla a usted. Es decir, no soy yo precisamente quien la contrata.

MANUELA.—¿No?

DON CELEDONIO.—No, señora. Yo tengo un primo en la Coruña, y este primo tiene un café.

MANUELA.—Pues no veo la tostada.

DON CELEDONIO.—No, si es café solo. Pero quiere ponerlo con cante flamenco y ayer recibí un parte de mi primo en que me dice: «Abresé otro café mismo género. Ven enseguida, no repares precios; urgentísimo.»

MANUELA.—Pues mire usté; la cosa será muy urgente, pero no se conoce.

DON CELEDONIO.—¿Por qué?

MANUELA.—Porque hace media hora que estoy aquí y entodavía no hemos hablao de la contrata.

DON CELEDONIO.—Tiene usté razón. Hablemos. Ya sabe usté que mi primo no repara en precios. Conque pida usted por esa boquita.

MANUELA.—Yo no pido nunca. Soy muy delicada en estas cosas. Ofrezca usted. (Lo dicho, le saco seis duros diarios.)

DON CELEDONIO.—Bueno, pues mire usted; para que vea que los gallegos también sabemos ser rumbosos, por cantar desde las siete hasta las doce de la noche, la ofrezco a usted... cuatro pesetas.

MANUELA.—¡Caballero!

DON CELEDONIO.—Y café.

MANUELA.—¿Solo? *(En tono de burla.)*

DON CELEDONIO.—Como usted lo quiera.

MANUELA.—Pero, oiga usté, caballero; ¿le parece a usté que una artista como yo se contrata por ese precio? Vamos, míreme usté bien. *(Con coquetería.)*

DON CELEDONIO.—Pues... un duro.

MANUELA.—Calle usté, por Dios. Usté no me ha oído cantar. Córrase usté un poco. *(Mirándole.)*

DON CELEDONIO.—Treinta reales.

MANUELA.—En cuanto yo bata las palmas y suelte dos o tres gipíos y me dé tres pataitas, habrá gofetás para entrar en el café.

DON CELEDONIO.—¡Dos duros!

MANUELA.—¡Pues y cuando le dedique a usté una copla de soleá, mirándole así desde el tablao y siendo usté la envidia de toos los parroquianos!...

DON CELEDONIO.—Vaya, tres duros. (Pondré uno de mi bolsillo.)

MANUELA.—Pues, digo, cuando...

DON CELEDONIO.—No, *(Interrumpiéndola.)* no, es inútil; ya no subo más.

MANUELA.—Bueno, yo quería seis; pero por tres duros más o menos no hemos de reñir. Trato hecho.

DON CELEDONIO.—Conformes. *(Dándole la mano.)*

MANUELA.—Y que debe usté agradecérmelo, porque usté no sabe el disgusto que me cuesta la tal contrata.

DON CELEDONIO.—¿Sí?

MANUELA.—Sí, señor. Yo tengo un novio que es torero; trabaja en las novilláas, está contratao para este invierno y no quiere que yo me vaya de Madrid. Pero yo quiero marcharme, ¿sabe usté? Porque aunque le quiero más que a las niñas de mis ojos, ¿sabe usté? se me ha metío en la cabeza que anda con otra, ¿sabe usté?

DON CELEDONIO.—No, hija; yo no sé nada.

MANUELA.—Ayer mismo me dijo que al que se atreva a contratarme pa fuera de Madrid le pega una paliza que lo revienta.

DON CELEDONIO.—¡Qué barbaridad!

MANUELA.—Sí, es muy bruto. Pué que usté le conozca. Anoche estuvo con otros amigos en la mesa de al lao nuestro.

DON CELEDONIO.—¿Sí? ¿Era uno de aquellos de los terroncitos?

MANUELA.—Sí, señor.

DON CELEDONIO.—¡Ah! Pues entonces ya no temo que me dé una paliza.

MANUELA.—¡No! ¿Por qué?

DON CELEDONIO.—Porque ya me la ha dado.

MANUELA.—Si tiene un genio... *(Óyese dentro lo siguiente entre Juan y Doña Simona.)*

DOÑA SIMONA.—Espere usté que le pase recado.

JUAN.—Le digo a usted que necesito verle.

MANUELA.—¡Ay, Dios mío!

DON CELEDONIO.—¿Qué?

MANUELA.—¡Es él!

DON CELEDONIO.—¿Quién?

MANUELA.—¡Mi novio!

DON CELEDONIO.—¡María Santísima!

MANUELA.—Niegue usté que estoy aquí. ¿Dónde me escondo?

DON CELEDONIO.—Aquí, en mi cuarto. *(La hace entrar.)* ¿Para qué me habré yo metido en todo esto?

## ESCENA IX

DON CELEDONIO, JUAN.

**Música**

JUAN. Buenas tardes, amigo,
aquí me tiene.
DON CELEDONIO. Diga usted, caballero,
a lo que viene.
JUAN. Escuche usté
y en cuatro palabritas
se lo diré.

Yo soy la flor y nata
de los barbianes,
y a poner banderillas
no hay quien me gane.
Pues soy torero
y me llamo Juan Pérez
(alias) *Canguelo.*

DON CELEDONIO.—*(Hablado.)* ¡Pues tengo tanto gusto en conocer a usted, señor de Canguelo!

JUAN. Mi sangre es muy torera,
tengo frescura,
y no temo en la plaza
ni a los de Miura.
Pues soy valiente,
y he sido con Frascuelo
sobresaliente.

DON CELEDONIO.—*(Hablado.)* (¡Sobresaliente de Frascuelo! Debe ser un gran torero este hombre.) *(Toque de banderillas.)*

JUAN. *(Indicando con la acción la suerte de que habla.)*
Cojo los palos,
al toro cito,

y doy el quiebro
que ni el Gortito.
Al bicho llamo,
y aunque me parta,
un par le pongo
de a media cuarta.
En los relances
soy especial
y en los pares al sesgo
no tengo igual.

DON CELEDONIO. (Nada me importa,
y me es igual
que ponga banderillas
ni bien ni mal.)

II

JUAN. Mi fama de torero
tengo bien puesta
en Getafe y en Pinto
y en Alcobendas;
y es muy probable
que vaya este verano
pa Buenos Aires.

DON CELEDONIO.—*(Hablado.)* ¿Sí? (Es lástima que no se vaya hasta el verano.)

JUAN. Yo soy para los quites,
de los mejores;
conmigo están seguros
los picadores.
Porque en la lidia
el mismo Lagartijo
me tiene envidia.

DON CELEDONIO.—*(Hablado.)* (¡Pobrecito! Se le ha muerto su abuela.) *(Toque de matar.)*

JUAN. *(Como antes.)*
Cojo los trastos,
me voy al bicho,
le doy tres pases
a mi capricho;
le cuadro al pelo,
y de una buena
se cae redondo
sobre la arena.
En *volapieses*
soy especial,
y en matar aguantando
no tengo igual.

DON CELEDONIO. (Nada me importa,
pues ¡voto a tal!
más estoy yo aguantando
a este animal.)

**Hablado**

JUAN.—Conque lo dicho, soy más torero que Salvaor.

DON CELEDONIO.—¿Que quién?

JUAN.—Que Salvaor.

DON CELEDONIO.—No sé quién es.

JUAN.—¿Qué no sabe usté quién es? Vamos, hombre, que no diga usté eso, porque es una inorancia. ¡Mire usté que no saber quién es Frascuelo!

DON CELEDONIO.—¡Ah, vamos! Frascuelo… ya lo creo que sé quién es: un gran torero.

JUAN.—¡Ay, qué gracia! Un gran torero… ¿Usté me ha visto matar a mí?

DON CELEDONIO.—No he tenido ese gusto.

JUAN.—Por eso habla usté de lo que no entiende. Si hubiera usté dicho tan siquiera que Largartijo…

DON CELEDONIO.—¡Ah, sí! Lagartijo es también un gran torero.

JUAN.—¿Lagartijo?… Que se calle usté, hombre. Ya se conoce que no me ha visto usté a mi en el redondel. Diga usté que a mí los dos me tienen envidia, y por eso no permiten que mate con ellos; porque saben que todo el público se iría conmigo…

DON CELEDONIO.—¡Vaya si se iría! (De la plaza.)

JUAN.—¿Y por qué es esa envidia? Vamos a ver… ¡Porque valgo! Nada más que sí; porque soy un valiente. Aunque me llaman por mal nombre *Canguelo*, no crea usted que me achico. Ese es un mote que me pusieron en las novilláas, porque se empeñaron en que yo era blanco. Mire usté que decir que yo soy blanco...

DON CELEDONIO.—Hombre, sí; en eso no tienen razón.

JUAN.—¡Yo que no he conocío el miedo! Lo que tenía era muchísima de la inteligencia. Como que no me he hecho torero de pronto. Soy un mataor de principios: yo empecé de mono.

DON CELEDONIO.—¿De mono?

JUAN.—De monosabio, sí, señor. Y he hecho mi carrera poco a poco, y la fama que tengo me la he ganao con mi inteligencia.

DON CELEDONIO.—Bueno; quedamos en que es usted el torero más inteligente de España.

JUAN.—Uno de los más inteligentes.

DON CELEDONIO.—Bien, bien, por eso no hemos de reñir.

JUAN.—Ya lo sé que no reñiremos por eso. Por lo que vamos a reñir es por lo otro.

DON CELEDONIO.—(Ya pareció aquello.)

JUAN.—Yo vengo a tratar con usté muy seriamente de un asunto muy serio. Usté, por lo visto, se ha propuesto llevarse a provincias a la Calandria.

DON CELEDONIO.—¿Yo?

JUAN.—Sí, señor; no me lo niegue usté, porque estoy enterao. Y yo no quiero que esa mujer salga de Madrid, porque no quiero, y se acabó.

DON CELEDONIO.—Pero, hombre...

JUAN.—Le digo a usté que esa mujer no se contrata pa fuera.

DON CELEDONIO.—Permítame usted que le explique...

JUAN.—Y aunque ella diga que sí, yo digo que no, y basta. Y aquí no hay más voluntad que la mía; y ella hará lo que yo mande.

## ESCENA X

DICHOS, MANUELA, que ha oído las últimas palabras desde la puerta.

MANUELA.—Oye, tú; que en mí no manda nadie.

JUAN.—¡Ah! ¿Conque estabas aquí?

DON CELEDONIO.—(¡Dios mío de mi alma!)

JUAN.—¿A qué ha venío aquí esta mujer? (*A Don Celedonio.*)

DON CELEDONIO.—Yo...

MANUELA.—He venío a lo que no te importa. Y tú no tienes nada que ver con el señor; y yo me contrato porque quiero.

JUAN.—Eso se verá.

MANUELA.—Ya lo creo que lo veremos.

JUAN.—¡Manuela, que ya me conoces!

DON CELEDONIO.—¡Por Dios, caballero! *(Conteniéndole.)*

MANUELA.—Ya sabes que no me asusto.

DON CELEDONIO.—¡Por Dios, señora! *(Conteniéndola.)*

JUAN.—Lo que eres tú es más falsa que dos reales del tranvía.

MANUELA.—El falso lo serás tú.

JUAN.—Que no me comprometas…

MANUELA.—Déjele usté, hombre, déjele usté. *(A Don Celedonio, que le contiene.)*

## ESCENA XI

DICHOS. DOÑA SIMONA y DON LUCAS,
que viene con la boca llena y la servilleta puesta.

DOÑA SIMONA.—¿Qué voces son estas, qué pasa aquí?

DON LUCAS.—¿Qué ocurre?

JUAN.—¡Ya te compondré yo! *(A Manuela.)*

MANUELA.—¿A mí tú?

DON CELEDONIO.—Señores, por favor.

DOÑA SIMONA.—Yo no tolero escándalos en mi casa. A reñir a la calle.

MANUELA.—No se apure usté, señora, que ya nos vamos.

JUAN.—Vente conmigo.

MANUELA.—Claro que me voy; como si te tuviera miedo. ¡Pues bonita soy yo!

JUAN.—Andando y que te calles. *(Se vuelve desde el foro y se dirige a Don Celedonio.)* Y a usted ya le ajustaré yo las cuentas. *(Vanse riñendo acaloradamente.)*

## ESCENA XII

DOÑA SIMONA, DON LUCAS, DON CELEDONIO

DON CELEDONIO.—No me faltaba más que esto. Me está muy bien empleado. La culpa la tiene mi primo por meterme en esta clase de asuntos.

DOÑA SIMONA.—Si de tal gentuza no se puede esperar otra cosa.

DON CELEDONIO.—Lo peor de todo es que me quedo sin la cantaora. ¿Dónde busco yo otra? ¿Dónde contrato la gente que me hace falta?

DON LUCAS.—Por eso no se apure usted, que aquí estoy yo. Me he estado ensayando durante el almuerzo y ya sé el arranque de la soleá... ¡Ay! *(Empezando a cantar.)*

DON CELEDONIO.—Calle usted, hombre, para arranques estoy yo ahora.

DOÑA SIMONA.—¡Ay, don Celedonio!

DON CELEDONIO.—¿Qué?

DOÑA SIMONA.—Que con ese barullo se me había olvidado darle este parte telegráfico que acaba de llegar.

DON CELEDONIO.—¡Un parte! De mi primo. Me repetirá que urgen los contratos.

DON LUCAS.—Pues nada, nada, si urge, yo estoy decidido a marchar esta misma tarde. Aunque sea con lo puesto. (No tengo más.)

DON CELEDONIO.—*(Leyendo.)* «Desisto negocio. No contrates artistas.»

DON LUCAS.—¿Cómo?

DON CELEDONIO.—¡Bendito sea Dios, que le ha inspirado tal idea! Doña Simona, si vienen a buscarme, diga usté que me he marchado de Madrid. No quiero más trato con esa gente.

## ESCENA XIII

DICHOS, MANUELA y JUAN, cogidos del brazo.

JUAN.—Señores...

DON CELEDONIO.—(¡Otra vez aquí!) *(Vase Doña Simona.)*

JUAN.—Caballero; en la escalera lo hemos pensado mejor y puede usté contar con ésta.

MANUELA.—Sí, señor; me voy a la Coruña.

DON CELEDONIO.—(¡A buena hora! Me van a comprometer.)

JUAN.—Y yo también me marcho con ustedes. Va usté a contratarme pa acompañarla...

DON CELEDONIO.—¿Eh?

JUAN.—Pa acompañarla a la guitarra. Y agradézcamelo usté, porque dejo un ajuste muy ventajoso que tenía pa los toros de puntas de las novilláas.

DON CELEDONIO.—Pues oigan ustedes, yo debo advertirles... *(Con timidez.)*

MANUELA y JUAN.—¿Qué?

DON CELEDONIO.—Que me es imposible contratarles.

MANUELA y JUAN.—¿Eh?

DON LUCAS.—¿Cómo?

JUAN.—¡Ahora salimos con eso!

MANUELA.—Oiga usté, ¿pues no habíamos quedado en que me iba usté a llevar con tres duros diarios?

DON CELEDONIO.—Sí, pero...

DON LUCAS.—(¡Gana tres duros diarios! El sueldo de un oficial de Secretaría.)

DON CELEDONIO.—No es posible. Acabo de recibir un parte en que me dicen que desisten del negocio.

JUAN.—Usté le ha dao palabra a la señora...

DON LUCAS.—(¡Así, así, oblíguele usté.) *(A Juan.)*

JUAN.—Y yo vengo a defender su derecho. O nos contrata a los dos...

DON LUCAS.—(A los tres.) *(A Juan.)*

JUAN.—O nos contrata usté a los tres o nos veremos las caras.

DON CELEDONIO.—Pero, hombre...

JUAN.—Nada, nada; usté se ha comprometido, y los hombres deben ser hombres. Y con los artistas no se juega.

DON LUCAS.—¡Eso! Con los artistas no se juega. *(Imitando la manera de decir de Juan.)*

JUAN.—Y si no, se entenderá usté conmigo.

DON CELEDONIO.—(Pues, señor, bien; no hay más remedio.) Basta, hombre, basta; no quiero cuestiones. El empresario debía ser un primo mío... seré yo el primo. Quedan ustedes contratados y no necesito más gente.

DON LUCAS.—(¡Oh, felicidad!)

DON CELEDONIO.—Mañana nos marchamos los tres.

DON LUCAS.—Los cuatro, querrá usté decir.

DON CELEDONIO.—¡Déjeme usted en paz! Ni tan primo, hombre, ni tan primo.

DON LUCAS.—(¡Seré yo desdichado! ¡Tendré que dedicarme a otra cosa!)

JUAN.—Pues hecho el trato y al avío.

MANUELA.—Y diga usté, caballero: ¿Pontevedra está cerca de Galicia?

DON CELEDONIO.—Está allí mismo, hija.

MANUELA.—¿De veras? ¡Cuánto me alegro!

JUAN.—¿Por qué?

MANUELA.—Porque yo debo tener allí familia.

JUAN.—¿Qué has de tener tú?

MANUELA.—Sí señor; mi padre dicen que era de allí: yo no le he conocío... pero buscándole pué que le encuentre.

DON LUCAS.—(¡Qué idea! ¡No ha conocido a su padre!)

DON CELEDONIO.—Pues le buscaremos, le buscaremos.

MANUELA.—(¡Gana tres duros diarios!) ¡Alto, señores! Joven, ¿cómo se llamaba su madre de usté?

MANUELA.—Manuela García.

DON LUCAS.—García, ¿verdad?

MANUELA.—Sí, señor.

DON LUCAS.—¿Y era?...

MANUELA.—Planchadora.

DON LUCAS.—Justo, planchadora; ¿y dónde nació usted?

MANUELA.—Humilladero, setenta y seis.

DON LUCAS.—Eso, setenta y seis; ¿cuarto?

MANUELA.—Sí, señor, cuarto.

DON LUCAS.—(Me lanzo.) ¡Hija de mi corazón! *(En un arranque dramático.)*

MANUELA.—¿Eh?

DON LUCAS.—Yo soy tu padre. *(Abrazándola.)*

**Música**

| | |
|---|---|
| MANUELA. | ¡Mi padre! |
| DON CELEDONIO Y JUAN. | ¡Su padre! |
| DON LUCAS. | ¡Si, tu padre soy! |
| DON CELEDONIO. | (¡Qué cosa más rara! |
| JUAN. | ¡Yo asombrado estoy!) |
| DON LUCAS. | ¡Aunque tú, desgraciada,<br>no me conoces,<br>soy autor de tus días<br>y de tus noches.<br>Perdóname<br>si ignorando tu suerte<br>no te busqué |

DON CELEDONIO Y JUAN. ¿Ha visto usted?
¡Asustado al saberlo
yo me quedé!

MANUELA. Ya sé por qué,
una voz me decía
le encontraré.

DON LUCAS. No te choque, hija mía,
que aquí te encuentre:
donde menos se piensa
salta la liebre.
Mi corazón
agitado palpita
con la emoción.

DON CELEDONIO Y JUAN. Que situación,
encontrar una hija
de sopetón.

MANUELA. Mi corazón,
agitado palpita
de la emoción.
¡Qué situación!
Encontrar una hija
¡de sopetón!

## Hablado

DON LUCAS.—No puedo reprimir los impulsos de mi corazón. *(Abrazándola.)* (Algo se pesca.)

MANUELA.—¡Padre mío! —Caballero.— (A Don Celedonio.) Ya comprenderá usted que habiendo encontrado a mi padre, debo renunciar a la contrata. Yo no necesito ganarme el sustento. Ya tengo un padre cariñoso que me mantenga.

DON LUCAS.—(¡Caracoles! No había yo contado con esto.)

MANUELA.—¿Verdad, padre mío?

DON LUCAS.—¡Eh! Poco a poco, poco a poco. ¿Cómo dices que se llamaba tu madre?

MANUELA.—Manuela García.

DON LUCAS.—¡Ah! ¡García! ¿No era Pérez?

MANUELA.—No, señor.

DON LUCAS.—Entonces, ni usté es mi hija, ni hay entre nosotros el menor parentesco.

MANUELA.—¿Qué no?

DON LUCAS.—¡Claro que no!

MANUELA.—¡Ay, que tío!

DON LUCAS.—¡No! Ni tío, ni padre, ni nada.

DON CELEDONIO.—(Yo bien decía que era muy feo para ser padre de esa chica.)

JUAN.—En este caso, quedamos en lo convenido. Nos vamos con usté a la Coruña. *(A Don Celedonio.)*

DON CELEDONIO.—(Lo que es eso, no se les olvida.)

DON LUCAS.—¡Vayan ustedes con Dios! ¡Yo vuelvo a pretender! ¡Voy en busca del presupuesto! Ese sí que es el verdadero padre. *(Coge el paraguas y se va.)*

**Música**

MANUELA Y JUAN. Mañana nos marchamos
para su tierra. (*A Don Celedonio.*)

DON CELEDONIO. *(Como en secreto al público.)*
(Esta noche me largo
y aquí se quedan.)

LOS TRES. Ay, qué placer,
apláudannos ustedes,
y hasta más ver.

# ÍNDICE

# Índice